# 做自己的
# 教练

## 战胜工作挑战，
## 掌控职业生涯

[英] 海伦·塔珀 (Helen Tupper)
莎拉·埃利斯 (Sarah Ellis)

著

李国团 译

# You Coach You

How to Overcome Challenges at Work
and Take Control of Your Career

中国科学技术出版社
·北 京·

北京市版权局著作权合同登记　图字：01-2022-2338。

**图书在版编目（CIP）数据**

　　做自己的教练：战胜工作挑战，掌控职业生涯 /
（英）海伦·塔珀（Helen Tupper），（英）莎拉·埃利斯
（Sarah Ellis）著；李国团译 . — 北京：中国科学技
术出版社，2023.1
　　书名原文：You Coach You：How to Overcome
Challenges at Work and Take Control of Your Career
　　ISBN 978-7-5046-9838-4

　　Ⅰ . ①做… Ⅱ . ①海… ②莎… ③李… Ⅲ . ①职业选
择—通俗读物 Ⅳ . ① C913.2-49

　中国版本图书馆 CIP 数据核字（2022）第 202463 号

| | |
|---|---|
| **策划编辑** | 何英娇 |
| **责任编辑** | 申永刚 |
| **版式设计** | 蚂蚁设计 |
| **封面设计** | 马筱琨 |
| **责任校对** | 张晓莉 |
| **责任印制** | 李晓霖 |

| | |
|---|---|
| **出　　版** | 中国科学技术出版社 |
| **发　　行** | 中国科学技术出版社有限公司发行部 |
| **地　　址** | 北京市海淀区中关村南大街 16 号 |
| **邮　　编** | 100081 |
| **发行电话** | 010-62173865 |
| **传　　真** | 010-62173081 |
| **网　　址** | http://www.cspbooks.com.cn |

| | |
|---|---|
| **开　　本** | 880mm×1230mm　1/32 |
| **字　　数** | 219 千字 |
| **印　　张** | 9.75 |
| **版　　次** | 2023 年 1 月第 1 版 |
| **印　　次** | 2023 年 1 月第 1 次印刷 |
| **印　　刷** | 北京盛通印刷股份有限公司 |
| **书　　号** | ISBN 978-7-5046-9838-4/C·213 |
| **定　　价** | 69.00 元 |

名人推荐

这本好书提供了工具、想法和灵感，帮助读者抓住新机遇，直面新挑战。对于每一个想要积极主动地把握自己职业生涯的人来说，这是一本必读图书。

——琳达·格拉顿（Lynda Gratton）
畅销书《百岁人生》（*The 100-year Life*）作者

这是市面上与你的职业生涯极其相关、对你的职业生涯极其管用的图书之一。在职业发展领域，无人能与海伦和莎拉匹敌。

——布鲁斯·戴斯利（Bruce Daisley）
推特（Twitter）欧洲副总裁
《工作的乐趣》（*The Joy of Work*）作者

无论你是初涉职场的新手，还是经验老到的专家，每个人都会从这本书中受益。海伦和莎拉总是能够准确把握到人们在职业生涯中最需要的是什么。如果你正在寻找一本读起来令人愉悦、用起来行之有效的书，让你探索自己的职业生涯潜力，找到战胜职业生涯挑战的方法，那么《做自己的教练》就是答案。

——凯亚·金（Kanya King）

大英帝国司令勋章（CBE）获得者

MOBO 奖创始人

我之所以喜欢这本书，是因为它为我们提供了自我指导的工具，让我们知道，改变和自我价值就根植于我们每个人的心中。

——玛丽·波塔斯（Mary Portas）

波塔斯公司创始人兼执行创意总监

在一个职业建议满天飞的世界里，海伦和莎拉才是真正的高手。她们帮助人们以一种可以充分赋能和令人安心的方式，将自己重新置于生活的中心。

——艾玛·加侬（Emma Gannon）

畅销书《个体突围》（*The Multi-Hyphen Method*）作者

我们在生活中都需要这本书。在事情变得棘手时，海伦和莎拉将助你找寻到工作中本该有的乐趣。

——霍莉·塔克（Holly Tucker）

大英帝国员佐勋章（MBE）获得者

这本书让我明白，虽然缺乏自信是普遍现象，但通过自我培训，我们完全有可能摆脱这种固定型思维模式。我把这本书推荐给所有正在寻找比照片墙（Instagram）上的励志名言更能打开自己思路的人。

——埃莉诺·威尔逊（Eleanor Wilson）

**网飞（Netflix）社区经理**

本书为你提供了一个重新关注自己、优先释放潜力的机会。第一遍阅读本书，你会变成更真实的自己。再读一次后，你会成为更好的自己，见证自己曲折前行的美妙征程！

——艾米·布兰（Amy Brann）

**神经科学家**

本书将帮助你了解阻碍你职业生涯发展的原因，并确保你达到你需要达到的水平。这本书能改变我们的生活。

——格雷丝·洛丹（Grace Lordan）

**《大局思维》（*Think Big*）作者**

海伦和莎拉直奔主题，讲授了要想使职业生涯取得成功，读者需要掌握的穿越曲折路段的技巧。这正是自我培训所需要的全部内容。与其等待接受别人的帮助，倒不如自己找到适合自己的路。

——莫·乔达特（Mo Gawdat）

*Slo Mo* **播客主持人**

**《快乐算法》（*Solve for Happy*）作者**

这是莎拉和海伦撰写的又一本行之有效、颇有见地的职业手册。在个人掌控职业发展方面，这本书充满了智慧并给出了良好的建议。

**——西利亚·斯诺博尔**（Cilla Snowball）
**大英帝国爵级司令勋章**（DBE）**获得者**

感谢您选择与我们共度时光。

只要您在职业生涯中需要支持，我们就希望这本书能为您提供帮助。

# 序言
# 做自己的教练

## 你的职业生涯

你会如何描述迄今为止的职业生涯呢？我们在职业发展研讨会上，听到人们谈论的关键词常是"变化""不确定""不堪重负""忙忙碌碌"等。职业生涯是错综复杂的，有很多事情是人们既不知道，也无法控制的。百年来的职业阶梯概念，即个人职业发展是可以预测的，人们跟着别人的脚步走就行。但这似乎已经过时了。阶梯式的职业生涯已经无法反映人们的经验或抱负。取而代之的是"曲折的职业生涯"概念。也许，你在职业生涯中已经有过一些曲折的经历，也许你在不同行业或职能部门之间切换职业生涯，也许你从雇员转变为自由职业者或创业者。曲折的职业生涯为人们提供了探索不同职业生涯可能性的机会，人们可以为自己的成功下定义，做对自己而言有意义的工作。但是，驾驭曲折的职业生涯并不容易。在此过程中，人们会遇到很多未知因素，会让人们感到不堪重负

> 我们在把自己放在待办事项清单的更高位置方面，还需要做得更好。
> ——米歇尔·奥巴马
> （Michelle Obama）

和失去控制。没有职业生涯指导手册，有时人们会感到迷茫，不知道从哪里下手，需要借助外力来激发思想的火花。

> 培训能够帮助人们在成功的道路上越走越远。

当你感到工作不仅有些曲折，而且像一团乱麻时，培训会帮助你解开难题，并探索目前面对的谜团，使之成为未来的潜在机遇。自我培训可以增加你对职业生涯的责任感和掌控感，这意味着你能够个性化定制一条能够充分发挥个人优势的出色的职业发展道路。然而，在过去几年中，我们（海伦和莎拉）经常深陷所谓的"培训的两难境地"而难以自拔。

## 培训的两难境地

如果你对职业发展感兴趣，你可能已经知晓培训是驾驭你在工作中遇到的挑战和难题的一种方式。也许你是少数的幸运儿，有个教练对你进行过培训，并亲身体验过这种培训方式给你带来的好处。我们猜想，读这本书的每一个人，都会因有机会与职业教练进行一对一的交流而心存感激。再说，教练多的是，足以满足大家的需求。但对大多数人而言，聘请教练所需的费用，是不可承受之重。发表在《哈佛商业评论》（*Harvard Business Review*）上的研究成果发现，在美国聘请教练的平均费用为500美元/时。大多数人在他们的职业生涯中难得有机会接触到教练。

## 职业培训的普及

　　2013年，我们创立了自己的公司"神奇的如果"（Amazing If），其使命是让每个人的职业生涯变得更美好。我们通过播客、研讨会和我们撰写的图书《曲折的职业道路：在终身工作时代找准定位》（*The Squiggly Career*），与大家分享了实用的想法和行动，帮助人们在职业生涯中取得成功。2020年，全世界有50多万人阅读、观看或收听了我们的作品。根据我们的经验，人们关心他们的职业生涯，并对"曲折的职业生涯"的前景感到兴奋不已。我们遇到的人都准备好为了谋求个人职业发展而付出艰辛的努力，但需要一些知识和技巧方面的支持，以应对每个人都会遇到的不可避免的职业生涯挑战。这不是在寻找"权宜之计"，而是在教练的指导下，找到清晰的思路和采取行动的信心。

　　我们希望通过分享想法、工具和技巧，挑战封闭式的教练模式，帮助你学会做自己的教练。我们都是合格的教练，相信任何有正确思维模式和动机的人，都可以通过自我培训来战胜挑战，做出积极的改变。我们希望这本书能增加你对职业生涯的信心，提高你对职业生涯的控制力，并让你有机会在职业生涯的道路上为他人提供支持。

## 职业对话的力量

本书无意替代你与他人讨论你的职业生涯。职业对话在各方面都会对你有所帮助。他人可以为你提供你尚未考虑的观点，支持你发现新的解决方案，并让你备受鼓舞而采取行动。这些对话可能发生在你与经理、导师、朋友、以前的同事或你家里的某个亲人之间。我们希望你在职业对话前，先阅读本书以做好

一次好的对话可以永远改变变革的方向。
——琳达·兰伯特
（Linda Lambert）

准备。也许有的时候，你只需采用我们在本书中分享的技巧和想法，就能取得长足进步。你可以利用自己的感悟力和洞察力，使职业对话变得更加有用和有意义。本书甚至鼓励志同道合的学习者组成学习社群，一起进行职业对话。

## 如何从本书中获益最大化

### 入门

在第1章"自我培训方式"中，我们将介绍：

### 自我培训的思维模式和综合技能

从第1章开始，我们重点介绍培育思维模式和综合技能的方式，助推你通过自我培训，迎接职业生涯中面临的任何挑战。在

思维模式方面，我们将讨论成长型和固定型思维模式，思考与实干偏好，以及深入内心的批评家带来的挑战。在综合技能方面，我们探索如何提高你的自我意识，提升你倾听自己内心声音，提出富有洞察力的问题的能力。我们建议先阅读本章。它将帮助你掌握采用自我培训的方法，来应对职业生涯挑战，这样的话，你就能马上开始培育自己的思维模式和综合技能了。

### 《做自己的教练》的工具箱

接下来，我们向你介绍《做自己的教练》的工具箱，其中包括思维陷阱、积极提示、自我培训问题、行动理念和我们的"COACH"框架。这些工具，旨在为你提供一套能够应对任何职业生涯挑战的方法，你会在每章都发现它们的踪影。对每个概念都了然于心后，在实践中应用它们来应对职业生涯中面临的任何挑战，是对你费时阅读本书的最好回报之一。

### 我现在面临的培训挑战

我们知道，你可能在阅读本书时，脑中会浮现出一个迫在眉睫的职业生涯挑战。在第1章的末尾，我们概述了常见的培训挑战，并建议你需要阅读的，对你现在和未来最有用的章节。

## 你来掌控

在第2章到第7章，我们将重点介绍如何通过自我培训，来应对常见的职业生涯挑战：

**韧性**：当事情不按计划进行时，你该如何应对。

**时间**：你如何控制工作时间。

**自信**：你如何建立助你成功的信念。

**关系**：你如何建立职业生涯所需的联系圈。

**进步**：你如何充满激情地向前迈进。

**目的**：你如何培养方向感并做有意义的工作。

上述六点内容是大家在我们的社群中，经常向我们咨询的培训主题。我们认为，无论你是否面临迫在眉睫的挑战，无论你有没有经验，身处哪个行业，每个人都可以通过上述内容进行自我培训。

每章的结构都是相同的，都分为两部分。

第一部分我们首先描述，对自我培训而言，我们为什么认为每个主题都很重要。例如，在"韧性"这一章的第一部分，我们建议你即便当前还没有经历职业生涯的艰难时期，你也可以培训自己做好韧性储备。

第二部分，我们概述了常见的思维陷阱，并举例说明如何将这些思维陷阱转变为积极提示。我们重点向你介绍，如何应对你此时此地面临的挑战。如果你在阅读本书的时候，突然想起来你现在需要帮助，那么你可以在正在阅读的地方找到需要的支持。例如，如果你今天在职业生涯中遭遇逆境，我们会在"韧性"这一章的第二部分，帮助你通过自我培训来应对挑战，并会对你产生立竿见影的效果。

在每章的剩余部分，我们将重点介绍如何进行自我培训。主要有：

**向专家咨询。**我们已经向值得我们钦佩和学习的人士提出请求，希望他们为读者分享一下对每个主题的看法。例如，伦敦商学院教授丹尼尔·M. 凯布尔（Daniel M. Cable）分享了他对找寻目标的见解，而《重置》（*Reset*）的作者伊丽莎白·乌维比纳内（Elizabeth Uviebinené）则向我们分享了她对建立自信的见解。

COACH。这是一个框架，能够帮助你应对培训中面临的挑战，支持你将见解和想法汇聚到一起。

总结。在每章结尾，我们会对关键的培训概念、工具和问题进行总结。你只需瞥一眼，就知道我们刚才介绍了哪些内容，并且便于你对这些内容进行回顾。

## 来自各领域人士的建议

在本书"来自各领域人士的建议"部分，我们邀请各行各业的人专门为本书读者分享他们的职业（通常是生活）建议。他们每个人都主动分享了他们的至理名言，供我们学习和借鉴。我们的分享嘉宾涵盖了从前英格兰足球运动员伊恩·赖特（Ian Wright）到企业家玛莎·莱恩·福克斯（Martha Lane Fox）的各领域人士，势必会为读者带来灵感的启发和碰撞。我们保证，即便你在本章内容上只投入5分钟时间，也能从中获得积极向上的愉悦感受。正是这样时不时出现的快乐因子，才让你在生活中一次又一次地振奋起来。

# 收获阅读本书带来的回报

## 你做的笔记越多，铭记在你脑海中的内容就越多

我们乐于看到我们的书看上去有点皱巴巴的，因为这意味着大家阅读了我们的作品，我们所写的内容对大家来说是有用的。在书上做笔记，你将来记起现在所学内容的概率就大大增加了。当你开始边阅读边在书上做笔记的那一刻，你就把这些知识变成你自己的了。通过做笔记，你脑海中就会铭记这些想法和见解。我们衷心希望，这本书是你书架上笔记最多的书。

## 持续培训

学会如何进行自我培训，并不是在待办事项清单上打钩就算完事。它是一项需要练习的技能，就像其他技能一样，练习越多效果越好。这本书中涉及的练习我们已经重复了上千次，不仅用来为自己进行职业规划，也在研讨会中反复演练讨论。在职业生涯中人们的状态并非一成不变的，随着阅历的增加，人们不断解锁新的洞察力和行动力，进而给人们的自我培训带来新的方法和思路。我们建议定期重温本书中提及的练习和工具，进而通过持续的成长和新机遇的挖掘来实现个人能力的提升。

# 在本书以外

自我培训并不以阅读或聆听这本书为起点和终点。那些突破

性的想法和见解往往在不经意间闪现，比如洗澡、外出散步和等候公交车等时刻。为了充分利用本书，我们建议在培训过程中有意识地为这些时刻预留空间。比如，你可以养成习惯先在家阅读某章的部分或全部，随后在附近的咖啡馆里花些时间，在新的环境里对书中内容进行回顾和思考。又或者你

> 它将在你最意想不到的时候出现，比如在刮胡子或洗澡的时候，在你早上半梦半醒的时候。
> ——詹姆斯·扬
> （James Young）

可以和朋友相约一起读这本书，并在两人都完成其中的某项练习后一起"边走边聊"，讨论各自的学习心得（当面或通过电话）。

## 成为最好的自己

有时，自我培训是一项艰难的工作。你希望得到一个简单的答案，或者别人能告诉你该怎么做。但是，俗话说，世界上没有哪件卓越的事是简简单单就可以办到的。致力于自我培训是对自己的职业生涯进行投资，现在如此，将来也是如此。当你阅读本书时，别忘记我们就站在你身边，为你职业生涯的每一步提供支持和欢呼。我们希望你喜欢《做自己的教练》，也希望本书能为你的培训旅程和职业生涯提供帮助。

海伦、莎拉

# 目录
CONTENTS

# 第3章

## 时间 ——————————————— **065**
CHAPTER3

# 第4章

## 自信 ——————————————— **111**
CHAPTER4

# 第5章

## 关系 ——————————————— **155**
CHAPTER5

# 第1章

# 自我培训方式

## CHAPTER 1

你只需看

这本书的某一页

因为我们

一直会在那里等你

书是看不够的

如果里面都是

你的朋友。

——《长颈鹿、佩里和我》（*The Giraffe and the Pelly and Me*）作者罗尔德·达尔（Roald Dahl）

# 自我培训定义

我们通常把培训描述成一种获得某种"解决方案"的方式，例如，通过培训，可以把你的潜力充分释放出来，可以帮助你发现成长机遇，或者可以帮助你找到解决问题的办法。培训是一种技能，既然是技能，那么大家就都可以通过学

> 培训不是治疗，而是把你作为产品进行的产品开发。
> ——快公司（Fast Company）

习和实践来获取。我们给自我培训下个定义，即：

以自我提问提升自我认知，促使自己采取积极行动的技能。

自我培训能力，既与你职业生涯取得的成就无关，也与你的工作经验无关，而与你为了持续提升培训技能而投入的时间和精力有关。世界上根本不存在所谓的"完美教练"，但我们也相信，读者如果能对我们分享的观点进行有效提炼并付诸实践的话，就一定会取得许多长足的进步。

当你着手进行自我培训时，你需要花点时间培育三大有效领域：

1.自我培训的思维模式。

2.自我培训的综合技能。

3.自我培训的工具箱。

接下来，我们依次讨论上述三大领域，同时讲解为了提升培训能力，你还需要采取哪些具体的行动。在本章结尾，我们分享了在职业培训中经常遇到的一些挑战，我们建议你一开始就参阅本书的相关章节，以帮助你从容应对这些挑战。

## 自我培训的思维模式

要想进行自我培训，从一开始就要管理自己的思维模式。为了有助于你理解自己的思维模式，我们将在本节探讨三个部分，分别是思维磁铁、思想家和实干家、深入内心的批评家。我们针对每个部分都分享了行动方案，以帮助你管理自己的思维模式，积极应对在培训中的挑战。

### 思维磁铁

自我培训通常是由改变动机驱动的，可能是你想升职，改善与经理的关系，或者更普通一点，想找寻工作的目标和意义所在。在培训中面对的挑战经常是棘手而复杂的，就像一团乱麻。

有时，由于面对的阻力实在太大了，你会感到万分沮丧，好像自己一点办法都没有一样。在培训过程的某一节点，每个人都会经历这种体验，不过，有一点是至关重要的，那就是你千万不要怀疑自己的能力，甚至产生彻底放弃的念头。

那个最好的自己，永远都在路上。
——卡罗尔·德韦克
（Carol Dweck）

斯坦福大学心理学教授卡罗尔·德韦克认为，人有两种思维模式，即成长型思维模式（growth mindset）和固定型思维模式（fixed mindset）。处于成长型思维模式时，人们即使还一无所成，但对自己信心满满。就算遇到挫折和挑战，也会告诫自己，虽然我还不知道该怎么干，但相信我能学会怎么干。处于固定型思维模式时，人们束缚自己的潜能，原来会说"尚未完成"，现在却会改称"无法完成"。人们开始认为干不了这个，或者这个从来都不适合我来干，接踵而来的是，培训进展停滞不前。

对固定型思维模式的人来说，某些培训会发挥磁铁般的作用。当你觉得无法控制环境，不相信自己有信心采取行动，或者认为自己没有能力迎接挑战时，你的思维模式就会变得对你不利了。请看下图，这些磁铁般的固定型思维模式中，是否有你觉得似曾相识的呢？

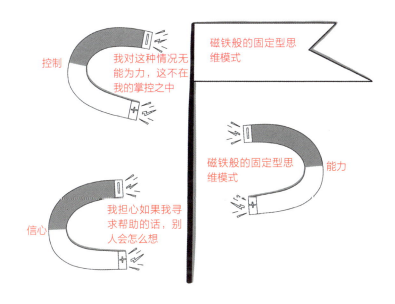

## 思维模式行动方案1：将思维模式从固定型转变为成长型

当你感到自己受固定型思维模式支配时，你可以通过认可自己曾经处于成长型思维模式的时刻，有意识地来抵消固定型思维模式对你产生的影响。这有助于你认识自己过去是如何成功应对挑战的，增加你可以再次做到这一点的信心。其实，你每周都会有很多处于成长型思维模式的时刻，你可能只是没有以这种方式"标记"它们而已。现在，请你花点时间写下并确认过去几个月中，自己处于成长型思维模式的几个时刻：

**关于磁铁般的成长型思维模式的问卷调查**

在过去的几个月里……

我什么时候感到工作是受控的？

_____

_____

我什么时候对工作是充满信心的？

_____

_____

什么时候我做的一些事情，使我的能力和技能得到了提升？

_____

_____

当你迎接培训中面临的挑战时，你不可避免地会时常陷入固定型思维模式。当意识到自己受磁铁般的固定型思维模式支配时，你可以立即采取以下两项行动：

1.重新问自己一遍上面的问题，这对你来说是一个有用的提醒，说明你在成长型思维模式上已经停留一段时间了。回答上述问题，将有助你形成积极的心态，增加你能够从固定型思维模式转变为成长型思维模式的自信心。

2.在你的想法中加上"还"这个字，以此来对磁铁般的固定型思维模式进行重新定义。例如，把"我看不到解决方案"说成"我还看不到解决方案"。通过对句子进行这么个小小的调整，会促使你把挑战视作可以探索和学习的事物，而不是无法逾越的障碍。

## 思想家和实干家

自我培训成功后，你会取得自我意识提升和行动积极进取的双重效果。这就意味着，在培训过程的不同阶段，你既要成为思想家，又要成为实干家。尽管人们在工作中都会涉及点思考和实干的问题，但绝大多数人对这两种方式都有自己的自然偏好。

事先了解你自己的自然偏好的优点和陷阱，将有助于增强培训效果，防止你对学习设限或阻碍自我提高。例如，萨拉是一名天生的思想家，她很善于停下来去认真思考。不过，她在采取行动之前，会为了一个想法而深思熟虑、苦思冥想。海伦更像个实干家，擅长快速行动。不过，如果行动停滞不前或放缓的话，她就会感到万分沮丧。

在下面的表格中，我们概述了每种偏好的积极特征，同时也介绍了其陷阱，以及你如何"尝试"其他方法的一些想法。我们这么做的用意，并不是要给你勾勒一个性格轮廓图，也不是要把你放在一个"盒子"里。我们希望你能意识到自己的自然偏好，同时在你需要的时候，学会如何在这两种偏好之间进行转换，并从中得益。

| 思想家 | 实干家 |
|---|---|
| 培训优点 | 培训优点 |
| 喜欢从不同角度探索思想；<br>能自如地"按下暂停键"并坐下来思考问题；<br>乐于花时间思考 | 愿意快速尝试；<br>喜欢采取行动；<br>重视进步而非完美 |
| 培训陷阱 | 培训陷阱 |
| 为追求完美而使进展停滞不前；<br>由于没有采取任何行动，什么也没有改变；<br>思想会变得混乱，缺乏清晰性 | 学习是一件需要从待办事项清单上打钩的事情；<br>发现反思是令人沮丧的；<br>开始时做了很多不同的事情，但并不总是能全部完成 |
| 阻止培训陷阱的方法 | 阻止培训陷阱的方法 |
| **未来优先** 问问自己：我想在一个月后实现什么今天还没有实现的目标？这将帮助你确定此时此刻的行动计划；<br>**行动便签** 找3张便利贴，在每张便利贴上写上一项行动计划，把它们贴在显眼的地方。如果你把行动计划告诉别人的话，那就更好了；<br>**换位思考** 你知道谁是实干家吗？在这种情况下，他们会怎么做 | **每天10分钟的思维导图** 在手机上设置一个10分钟的计时器，写下你脑海中出现的针对培训挑战的所有想法；<br>**相反意见** 对于培训中面临的每一项挑战，设想一下，与你相反的意见听起来可能像什么——那个人会怎么想、怎么说、怎么做；<br>**换位思考** 你知道谁是思想家吗？他们会如何处理这种情况 |

## 思维模式行动方案2：培训偏好和陷阱

我们在下表中留出空白，请你根据思想家和实干家两种自然偏好，选择并记录你所属的类型，你面临的培训陷阱可能是什么，以及如何防范这些陷阱。

我的自然偏好是（思想家还是实干家？）：

_____

_____

我面临的培训陷阱可能是：

_____

_____

我的防范措施是：

_____

_____

## 深入内心的批评家

你内心的批评家是你脑海中的声音，它告诉你，你在某些方面做得还"不够好"。每个人都有一个内心的批评家，它被人们的消极偏见所助推。消极偏见是人类与生俱来的，它使人们倾向于更多地关注、记住和纠结于自己做得不好的事情，反而把做积极正面的事情忽略了。当你内心的批评家控制了你的时候，就会对你的自我培训产生不利影响。接下来，我们列举了一些例子，解释说明一下你内心的批评家可能听起来像什么。

**你内心的批评家听起来像什么？**

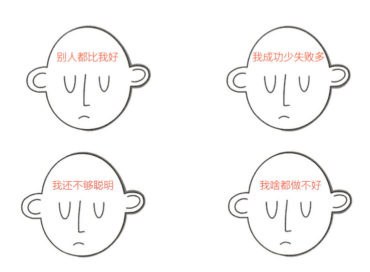

## 思维模式行动方案3：与自己妥协，让批评家的声音平静下来

　　人们越是听从内心的批评家的声音，它就变得越响亮、越强大。这成了一个恶性循环——你内心的批评家对你的批评越深入，它对你的控制力就越强。一方面，它使人们无法看清自己；另一方面，人们也无法采取积极的行动来使培训取得进展。接下来，我们将分享两项行动——做自己最好的朋友和自我支持声明。当你内心的批评家的声音变得过于响亮时，你可以采取这些行动，让批评的声音减弱些（如果这样做对你挑战很大的话，请参阅"自信"这一章，它将为你提供有效的帮助）。

### 做自己最好的朋友

以自己最好的朋友的方式与自己交谈。人们自己可能是内心最苛刻的批评家，人们不该让自己承担不切实际的重担，而这些重担就连其他人都不会施加到他们身上。花1分钟时间，写下3个支持你的朋友的名字。

支持我的3位朋友

1.＿＿＿＿＿＿＿＿＿＿＿＿＿＿＿＿＿＿＿＿＿＿＿＿＿＿＿

2.＿＿＿＿＿＿＿＿＿＿＿＿＿＿＿＿＿＿＿＿＿＿＿＿＿＿＿

3.＿＿＿＿＿＿＿＿＿＿＿＿＿＿＿＿＿＿＿＿＿＿＿＿＿＿＿

这些人说了什么或是怎么说，让你觉得他们是在支持你？他们也许不会对你做出评价，也不会帮你看清事物的本质，更不会在你需要时为你留出时间。当你面临培训挑战时，把这些朋友装进脑海里，这样你就可以想象他们会说什么，并倾听他们对你支持的声音。

### 自我支持声明

自我支持声明是内心教练对你的积极提醒，告诉你可以取得什么成就。它们激励你即使在困难的时候也要坚持下去，让你感到自己有控制权，拥有乐观向上和充满活力的心态。对你自己可能产生的消极和无益的想法，它们还会直接发起挑战（让你内心的批评家安静下来）。当人们使用属于自己的自我支持声明，并经常重复这些声明时，人们的自尊心就会得到增强。

## 思维模式行动方案4：我的自我支持声明

下面，我们分享一些关于自我支持声明的案例，这些案例与本书各章均有关联。对于任何与你特别相关的内容，请你标示出来。我们还特意留出空白，让你写出你的自我支持声明，因为重要的是，这些话对你来说是恰如其分的，说出了你想说的话，而不是我们想说的话。你最好把这些声明写在你每天都能看到的地方，也许是贴在墙上的便利贴，甚至是你笔记本电脑的屏保。

寻求我需要的帮助是力量的象征
**韧性**

提升影响力比增加产出更重要
**时间**

我通过做最好的自己来建立信念
**自信**

我周围都是希望我成功的人
**关系**

我以一种适合自己的方式曲折前行
**进步**

取得进步比追求完美更重要
**目的**

**我的自我支持声明**

_____

_____

_____

## 自我培训的综合技能

现在，我们已经在探讨自我培训的思维模式上花了一些时间，接下来把话题转移到自我培训的综合技能上。当你发展自己的培训能力时，思维模式和综合技能是息息相关的。

对培训中面临的每个挑战而言，有3个培训技能是至关重要的：

1. 自我意识；
2. 倾听；
3. 提问。

## 自我培训技能1：自我意识

研究员塔莎·欧里希（Tasha Eurich）认为，平均来看，只有10%~15%的人有自我意识。这个数字听起来很小，不过，等你弄明白欧里希及其团队对自我意识下的定义后，就不会觉得那么惊讶了。他们认为自我意识分为两种类型，即内部自我意识和外部自我意识。你的内部自我意识能够了解自己的优势、价值观、激情和愿望，能够理解自己的想法和感受；外部自我意识能够了解别人对自己的看法。例如，你知道别人认为你的优势是什么吗？这两种类型的自我意识会给你带来明显的好处。内部自我意识提高了你对工作和人际关系的满意度，减少了焦虑和压力，而外部

> 自我意识是在21世纪职场中取胜的最重要技能。
> ——塔莎·欧里希

自我意识提高了感同身受和理解他人观点的能力。欧里希及其团队还发现，这两种类型的自我意识之间没有相关性。内部意识高并不一定意味着外部意识高，反之亦然，所以很少发现两种自我意识都高的人。

自我意识=你如何清楚地看待自己+了解其他人如何看待你

主动地提高自我意识意味着你能够更好地进行自我培训。此外，我们还能从欧里希在她的研究中发现的所有其他正面因素中获益。我们在本书每一章都分享了很多提高自我意识的方法，接下来我们分享两个更具体的想法——按下暂停键和来自朋友的反馈——这样你就可以马上行动起来了。

## 自我意识行动方案1：按下暂停键

在工作中，我们很少有机会去按下暂停键。你每天都忙于行动和任务，没有时间停下来思考一会儿，并且许多人发现按下暂停键会让自己感到很不安。正如《你都没在听》（*You're Not Listening*）一书的作者凯特·墨菲（Kate Murphy）所说："犹豫或停顿被视为难以忍受的尴尬，是需要主动避免的。"但按下暂停键，无论多轻，都给了人们了解自己、学习更多知识，甚至可能给自己带来惊喜的机会。

抽时间按下暂停键，听上去似乎不太可能。但实际上，你只需在一天中能够停下来的时候，抽出片刻时间，问自己一个自我培训的问题，比如说：

> 我在那次会议中什么时候对他人产生了积极影响？
> 一天中最让我开心的是什么时候，为什么？
> 为什么我和那个人说话时会感到不舒服？
> 对我工作最有帮助的地方是什么？
> 这周什么时候我处于最佳状态？

每天问自己一个这样的问题，将极大地提高你的内部自我意识。具体说出你最有可能在何时何地按下暂停键，也是很管用的。对莎拉来说，是独自散步的时候；对海伦来说，是做午饭的时候。

**我按下暂停键的最佳时间是：**

_____

_____

_____

## 自我意识行动方案2：来自朋友的反馈

当你开始进行自我培训时，考虑一下：谁会是向我反馈的朋友？这是一小群值得信赖的人，他们不仅对你很了解，而且也很诚实。他们可能是你现在的同事、你以前的同事，甚至是朋友和家人。为你的自我意识提供支持、向你反馈的朋友，其工作规范应该像下文那样。

向你提供反馈的朋友的工作规范：

> 支持你，站在你这边，希望你能成功。

↳ 对于不讨人喜欢的反馈，也不会回避。

↳ 对你个人非常关注，可以直接向你发起挑战。

↳ 理解你的工作世界。

举个例子，有个向我们反馈的朋友叫布鲁斯·戴斯利，他既是一名作家，又是一位博主。布鲁斯通常通过通信软件"瓦次普"（WhatsApp）反馈信息，他的反馈是非常直截了当的。当我们分享一个早期版本的TED[①]演讲时，他的第一反应是：这有点乏味。你们明明是很有趣的人，这个演讲却没有充分体现出你们有趣的特质。这个反馈提高了我们的自我意识，因为它向我们提供了我们自己看不到的问题。我们在那个版本的演讲中拼命工作，对我们的作品感到很满意。所以，收到布鲁斯的反馈后，我们起初大吃一惊，倍感震惊和失望。不过，等我们重新审视这个演讲时，我们意识到他是对的。在我们创作的过程中，我们已经丢失了自己的个性。布鲁斯在他的反馈中对我们毫不留情，尽管有时很难听到这种声音，但他是向我们提供反馈的头号朋友。因为我们深信，他是站在我们这边的，他希望我们成功。

在下面的空白处，写下3个已经向你提供反馈，或你认为可能向你提供反馈的朋友的名字。对你来说，这样做也是一个很好的提醒，让这些人参与到你自我培训的过程中，你要记得一路感谢他们。向你提供反馈的朋友，是你弥足珍贵的、最大的支持者，

---

① TED是技术（technology）、娱乐（entertainment）、设计（design）的英语首字母缩写。它是美国的一家私有非营利机构，该机构以它组织的TED大会著称，这个会议的宗旨是"传播一切值得传播的创意"。——编者注

他们敢于直言真相，所以要好好关心他们!

**3个向我提供反馈的朋友：**

1.＿＿＿＿＿＿＿＿＿＿＿＿＿＿＿＿＿＿＿

2.＿＿＿＿＿＿＿＿＿＿＿＿＿＿＿＿＿＿＿

3.＿＿＿＿＿＿＿＿＿＿＿＿＿＿＿＿＿＿＿

## 自我培训技能2：倾听自己

如果让你对自己的倾听能力按0分（无效）到10分（优秀）进行打分，你会给自己打几分呢? 研究发现，倾听是一种技能，人们经常高估自己的倾听能力。在我们举办的研讨会上，大多数人给自己的倾听能力打7分及以上。但，拉尔夫·尼科尔斯（Ralph Nichols）教授发现，经过一次简短的交谈后，大多数人还记不住听到内容的一半。人们以为自己在听别人说话，而实际上，人们因等着说话，或者因工作中发生的别的事情而分心了。你倾听自己的时候，也会发生这样的情况。你还没有思考好一个问题，就忙着去思考下一个问题。或者你还没有充分探究所有的可选方案后，就认为你已经知道正确答案了。练习倾听自己（以及他人）对你的

当你倾听时，你就是在学习。你像海绵一样吸收别人的观点，你的生活变得如此美好。
——史蒂文·斯皮尔伯格（Steven Spielberg）

自我培训取得成功是至关重要的。

## 倾听自己行动方案1：被打断的洞察力

交谈中，人们经常打断对方，平均每天至少经历10次这样的事情。人们已经习惯打断别人或被别人打断了。如果你想了解这两种行为发生的频次，可以尝试在几个不同的会议中记录打断的次数。人们打断别人说话的原因有多种，既有消极方面的原因（显示自己的权力或削弱对方的权威），也有积极方面的原因（显示自己的热情和对对方的支持）。打断别人或被别人打断，几乎总会扰乱人们的注意力。人们的大脑很难在不同的任务之间切换注意力，这会导致精力分散，降低了思考质量。这些干扰因素会妨碍你对自己的想法进行探究，让你无法发现新的意识领域，而恰恰是这些想法和意识能够让你恍然大悟。继续前行时，有时你就需要这样的洞察力。

当你开始进行自我培训时，留意一下你最可能在什么时候打断自己。我们在下面列出了一些常见的打断自己的场景。标出那些你熟悉的场景，然后记下最可能对你的培训方法产生负面影响的场景。

打断自己的场景：

⤳ 我经常在不同的想法和观点之间变来变去。

⤳ 我对某件事情想了一会儿就感到烦了，想换到其他事情上。

⤳ 我没有去深究很多选择方案，就去猜测答案应该是什么。

　　🖎 如果我头脑中一片空白，我宁愿先往后回答一个简单点的问题。

　　🖎 我很容易因电子设备而分心。

> **我打断自己洞察力的场景：**

_____

_____

_____

## 倾听自己行动方案2：潜水潜得深一些

　　人们需要找到切实有效的方法，持续关注人们目前面临的挑战，而不是快速前行。你可以把这两者之间的区别，看成是在海中浮潜和水肺潜水①之间的区别。浮潜是在水面上游泳，而水肺潜水则是在海底深处潜水。在培训面临的每一个挑战中，都会有需要水肺潜水才管用的时刻。

> 用水肺潜水才能发现宝藏。
> 透过现象，人们才能发掘对自己的新认识。

　　为了帮助你迈出这一步，有3种不同类型的问题将支持你潜水潜得更深些。

———————————

① 水肺潜水指潜水员自行携带水下呼吸系统所进行的潜水活动。——编者注

### 深入：关注事实

这些问题有助你收集数据。它们让你对情况有一个客观的了解，听起来就像是"谁说了什么""今天发生了什么"。

### 更深入：关注感受

这些问题是看你的反应是什么样的。它们有助于你了解自己的情绪，听起来就像是"它让我感觉怎么样""这引起了什么反应"。

### 最深入：关注恐惧

这些问题可能是难以面对的。它们触及对你而言最重要的东西的核心，听起来就像是"为什么这种情况会让我感到不安""为什么他们的意见这么重要呢"。

## 潜水潜得深一些

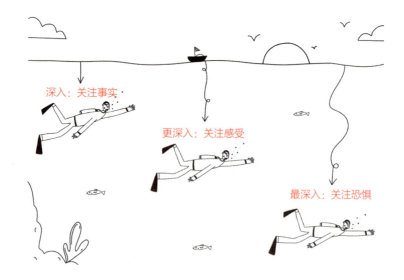

深入：关注事实

更深入：关注感受

最深入：关注恐惧

> **今天你最乐于回答哪种深度的问题呢？深入，更深入还是最深入的问题？**

你想把下面的哪个问题记下来，把它作为自我培训的一部分（这可能是那个你最不可能问自己的问题）？请把这个问题标示出来。

**事实**：我如何只用事实向别人描述我面临的挑战？

**感受**：对于我面临的挑战，我有什么感受？

**恐惧**：如果我采取行动，我担心会发生什么？

## 自我培训技能3：提问

本书中充满了帮助你进行自我培训的问题。不过，你问自己的问题，比我们问你的问题要更好些。最好的培训问题是个性化的，所以不可能有一套需要你坚持的标准化问题。在分享两个提问技巧之前，我们先谈谈提出好问题的一些原则，这些原则最初是很管用的。

> 如果给我1小时解答一道决定我生死的问题，我会花55分钟弄清楚这道题到底在问什么。一旦清楚它到底在问什么，剩下的5分钟足够回答这个问题。
>
> ——爱因斯坦

# 自我培训问题要遵循OOO原则[1]

## 开放式问题（open）

好的培训问题不能用简单的"是"或"否"来回答就了事。开放式问题从5W1H[2]开始。如果你发现自己问了一个封闭式问题，比如"我是否承诺采取这一行动"，那么很容易以开放的方式重新问自己同样的问题："什么会增加我对采取这一行动的承诺？"

## 一次问一个问题（one at a time）

若一次问太多问题的话，会让你的大脑不堪重负，你连这些问题都记不住，更别提正确回答它们了。在这种情况下，通常是回答了最后一个问题，把其他问题都忘记了。作为自我培训的一部分，你会问自己很多相互关联的问题。但是，如果你一次只问一个问题的话，你会提高自己洞察力的质量。一次问一个问题，有助于你产生更多的选择方案和行动方案，这些都会成为你培训方法的一部分。我们在此列举了一个培训中面临的挑战实例，来说明它在实践中是如何发挥作用的。

培训中面临的挑战实例：你没有升职，你不确定自己在未来该如何发展。

---

① OOO是指开放式问题（open）、一次问一个问题（one at a time）和对培训方法拥有控制权（ownership）的英文首字母组合。——编者注

② 5W1H是指对选定的项目、工序或操作，都要从原因（Why）、对象（What）、地点（Where）、时间（When）、人员（Who）、方法（How）六个方面提出问题进行思考。——编者注

### 每次问许多问题

问题：我为什么没有得到晋升？其他人得到晋升是哪里做得好？我该和经理怎么谈？

回答：我需要和经理谈谈，看看他们的反馈是什么，并确定将来什么时候可能会有另一次晋升机会。

行动：和经理会面，从他那里得到反馈。

### 一次问一个问题

问题：我为什么没有得到晋升？

回答：我对这家公司的晋升机制还了解得不够。

行动：与以前晋升过的人聊天，从中吸取经验。与人力资源部门联系，请他们向我介绍公司的晋升流程。

问题：谁可能会帮我得到晋升呢？

回答：经理、前领导、外部导师和招聘专员。

行动：与我的前领导重新联系起来，一起喝杯咖啡。

问题：我该如何保持工作激情？

回答：参与一些能发挥我优势的新项目。

行动：利用我与经理下一次的一对一谈话机会，分享我的初步设想，并请他们帮助我发现发挥我优势的其他机会。

## 对培训方法拥有控制权（ownership）

你问的培训问题都与"我"有关，例如："我该怎么样……""我能怎么样……""我将在哪里……"。这样的话，你在培训中面临的挑战就经常会涉及别人，你应该把注意力放在你能控制的事情和你能采取的行动上。如果你在自我培训时，发现自己在责怪别人或其他因素，这等于发出了一个信号，需要你重新关注自己能控制的事情。当你意识到自己对培训方法缺乏控制权时，把注意力重新返回到自己身上的一个好方法是，问一个只有你自己才能回答的、与"我"有关的问题。这个问题可能是"我接下来该做什么"，或者是"我学到了什么"，抑或是"我觉得怎么样"。能为你培训中面临的挑战提出解决方案的最佳人选就是你自己，通过提高自我意识和确定行动方案，你会更有动力和决心去实现改变。

## 自我提问行动方案1：从调查者和探索者的视角提问

在培训过程中，你有时会发现培训没有取得任何进展。也许，一切都令人感到不知所措，或者是事情千头万绪，又或者，你也许能看清自己的情况，但感觉自己陷入困境了。我们把这种经历看成你"一叶障目，不见森林"，或者你"陷入泥潭"了。你只要一有这种感觉，就试着采用下面的提问技巧，你要么吸收一些观点，要么重新开始前行。

### 如果你"一叶障目，不见森林"，那么就做一个调查者吧

你感到不知所措，往往是受到情绪化的影响，或者事情千头万绪，或者两者都有。这时，你的感觉占据了上风，把反应变成沉思，把行动变成焦虑。在这个阶段，你无须了解参与到大局中的所有事情和所有人。相反，你需要调查对自己重要的细节。你可以想象一下，你不是亲身经历者，你是调查者。以这样的视角看待问题，将有助于你得出客观的结论。你会了解清楚事实，然

后决定下一步的行动。调查者针对培训提出的有效问题包括：

- 是什么导致了我目前的处境？
- 我的处境还直接牵扯了谁？
- 我需要什么时候做出决定？

### 如果你"陷入泥潭"了，那么就做一个探索者吧

你有时可能会觉得自己江郎才尽了，你开始想，我改变不了这个，或者我被困在这儿了。在这种时候，戴上一顶好奇的探索者的帽子是很管用的。你会更关注所有的可能性和你可以前进的方向，而不是担心你怎么才能到达那里。探索者提出的有效问题包括：

- 想象一下，如果挡在我路中间的障碍没有了，我会怎么做？
- 我能采取的最有雄心壮志的行动是什么？
- 我该如何探索先前可能被我忽略的选择方案？

### 自我提问行动方案2：5个相互关联的为什么

问自己5个不同但相互关联的"为什么"问题，将帮助你找到培训中面临挑战的根本原因。每个"为什么"都是建立在前一个

"为什么"的基础之上，你在回答这些问题时体现出的洞察力，意味着你把努力付诸行动，使之发挥最大的作用了。接下来，我们用案例说明这一方法在实践中的具体应用（我们保持简短的问答方式，你的回答可能会更长些）。

| 5个相互关联的为什么：案例 | |
| --- | --- |
| 第1个为什么：为什么我对工作没有激情 | 回答：我的工作不是很有趣 |
| 第2个为什么：为什么我的工作不是很有趣 | 回答：我发挥不了自己的优势 |
| 第3个为什么：为什么我发挥不了自己的优势 | 回答：我加入了一个新团队，他们对我不是很了解，也不知道我以前做过什么工作 |
| 第4个为什么：为什么我的团队不知道我以前做过什么工作 | 回答：我没有分享我以前的工作经验和工作种类 |
| 第5个为什么：为什么我没有分享我以前的工作经验 | 回答：我不知道在什么时机谈论它最好，我不想让别人觉得我是在某种程度上"炫耀"自己 |

**我采取的行动方案：**
- 我与经理进行交流，利用一次团队会议的机会，让团队中的每个人分享一个他们以前工作经验的案例；
- 在下次我与经理的一对一交流中，讨论我如何能经常利用优势，为团队目标的实现提供支撑；
- 写一份自我支持声明，挑战我对炫耀的恐惧心理

在本案例中，通过问自己5个相互关联的"为什么"问题，可以发现不同的选择方案和采取行动的机会。这并不意味着第一次回答就肯定是错的，它只是其中的一环而已。这个案例还表明，要想克服培训中面临的挑战，往往既需要你的思维模式（对自己

的优势充满自信），又需要你的综合技能（利用优势为团队提供支撑）。

　　现在，你已经在发展自己的思维模式和综合技能方面花了一些时间，接下来，我们以"《做自己的教练》的工具箱"来结束本章。你在每章都会看到这些工具，所以值得你花些时间了解它们是什么，它们是如何发挥作用的，这样你就可以用它们来克服培训中面临的挑战。

## 《做自己的教练》的工具箱

　　你会在每章都看到《做自己的教练》的4个工具，这些工具旨在支持你应对培训中面临的任何挑战。所以我们希望，这些工具不仅对我们在本书中关注的领域有效，在这些领域之外也同样有效。我们接下来对每个工具都进行了总结，这样你就可以感受一下，你在每章中会阅读到哪些内容，以及需要引起你注意的地方。

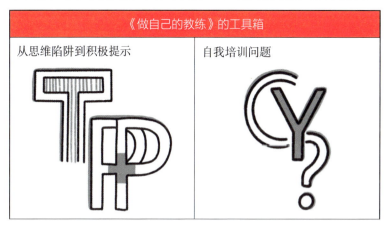

| 《做自己的教练》的工具箱 | |
| --- | --- |
| 从思维陷阱到积极提示 | 自我培训问题 |

| 《做自己的教练》的工具箱 | |
| --- | --- |
| 行动理念 | COACH |

**C**larity　　清晰
**O**ptions　　选项
**A**ction　　行动
**C**onfidence　信心
**H**elp　　帮助

## 思维陷阱和积极提示

　　思维陷阱是阻碍你前进的假设和信念。如果你发现自己的思想在某种程度上是消极的（不管是对自己还是对别人），就可以识别到自己的思维陷阱。当你陷入其中的一个陷阱后，你只能看到一个解决方案，或者可能对你试图解决的问题一筹莫展。"陷阱"这个词让你明白，要想摆脱这些无益的想法会有多难，它们只会让我们产生泄气、防备和挫败的感觉（甚至这3种感觉都有）。

　　积极提示是以一种有利于支持培训中面临的挑战的方式，来对思维陷阱进行表达上的重构。这可能意味着从不同的视角看待问题，或将约束因素看成创造性地进行思考的机会。我们会在每章中，针对每个主题分享5个常见的思维陷阱，并举例说明如何将这些思维陷阱转变为积极提示（下面有一些案例，你可以将其付诸实践）。我们还鼓励你识别出自己的思维陷阱，并练习将其转变成积极提示。

从思维陷阱到积极提示

**思维陷阱**：经理在拖我的后腿。

**积极提示**：还有谁会支持我的职业发展？

**思维陷阱**：这里没有进步的机会。

**积极提示**：我怎样才能掌控我想学的东西？

**思维陷阱**：我不擅长做那份工作。

**积极提示**：在过去12个月中，我取得了哪些成就？

## 自我培训问题

当你通读每一章时，我们会问你很多关于自我培训的问题。这些都是开放式而且是你能掌控的问题，我们每次只问一个问题，旨在帮助你摆脱困境，取得进步。如果我们在同一个房间里（或参加同一个在线会议），我们也会问你这些问题。就像思维陷阱和积极提示一样，不要局限于只回答我们问你的问题。当你练习着进行自我培训时，你会发现自己脑海中会浮现出自己的"首选"培训问题清单。如果你想找个地方把这些问题快速记下来的话，那就写在本书后面的空白页上吧。

## 行动理念

我们衡量《做自己的教练》成功与否的首要标准，就是这本书是否能够帮助你采取积极的行动。你选择读我们的书自有你的原因，也许你是渴望探索自己的发展潜力，也许你是想解决某个具体问题。我们的行动理念不是一份待办事项清单，而是供你尝试、适应或激发新火花的建议。自我培训是为了确定并采取与你最相关、对你最有效的行动，而只有你才知道它们是什么。

# COACH

COACH是我们开发的一个框架，它将你的想法和观点汇聚到一起并加以组织（你在准备任何职业谈话时，它都是一个颇有价值的工具）。自我培训的一个重要方面，是探索不同的方向，尝试各种选择方案以及你此前从未考虑过的新观点。

COACH将帮助你解决辛勤工作中遇到的"那又怎样"的难题。它将你所有的思维线索集中到一处，让你对今天的处境和接下来要做的事情，都有清晰的认识和信心。

COACH是由5个英文单词的首字母组成的一个单词，每个大写字母分别代表如下含义：

C（clarity）——清晰：你的自我培训挑战是什么？

O（options）——选项：你可以尝试哪些选项？

A（action）——行动：你准备采取什么行动？

C（confidence）——信心：你对上述行动有多少信心？

H（help）——帮助：你需要什么帮助来应对这一挑战？

我们针对COACH的每个领域，概述了框架中每个部分的目的，以及对你自我提问非常有用的各种问题（当你开始练习自我培训时，你可以在目前的基础上增加更多问题）。

| COACH框架 | | |
| --- | --- | --- |
| 框架 | 目的 | 问题示例 |
| 清晰 | 我想解决的问题是什么？ | 1.我此刻在想什么？<br>2.我面临的最紧迫的问题是什么？<br>3.是什么让我感觉自己陷入困境了？ |
| 选项 | 我可以尝试哪些选项？ | 1.我可以确定哪些选项来取得积极进展？<br>2.我还能采取什么措施来应对这一挑战？<br>3.我团队或组织中的其他人可能会怎么解决这个问题？ |
| 行动 | 我有什么行动理念？ | 1.采取什么行动可以帮助到我？<br>2.感觉接下来做什么事情最有用？<br>3.采取什么行动会对我的影响最大？ |
| 信心 | 我采取行动的决心有多大？ | 1.如果按1至10分进行打分的话，我采取已确定行动的信心有多大？为什么？<br>2.我怎样做才能把信心的分数提高？<br>3.什么会阻碍我采取行动？ |
| 帮助 | 我需要什么帮助？ | 1.谁能帮助我应对挑战呢？<br>2.我还能去哪里寻求我需要的帮助呢？<br>3.过去帮助过我的人，今天还能帮助我吗？ |

　　每章结尾都有一个空白的COACH模板，你在应对挑战的过程中，可以在模板上随手写下自己的想法。当像COACH这样的框架映入我们的眼帘时，我们有种想把它视作那种可以一口气填完的模板的冲动。根据我们的经验，当你阅读每章时，如果能持续使用COACH，也许每次只完成一两个部分，这样才能发挥出它的最大效果。等你有新的见解和想法时，你还可以重新翻阅COACH这部分。我们在书的后面增加了一些备用模板，你也可以使用它们。

# 培训中常见的挑战

我们知道，这本书的一些读者面临着迫在眉睫的职业生涯挑战，他们想先解决这些问题。为了满足读者的心愿，我们在下面总结了我们最常听到的培训中面临的挑战，并建议你从哪一章开始寻找答案，然后再去探究哪一章，以便让你了解更多的细节。

| 培训中常见的挑战 | | |
|---|---|---|
| 培训中面临的挑战 | 从第×章开始 | 然后探究第×章 |
| 我和经理/同事间的关系不融洽 | 关系 | 韧性 |
| 我想换个工作 | 目的 | 进步 |
| 我希望能得到晋升 | 进步 | 关系 |
| 我对工作失去了激情 | 目的 | 时间 |
| 我想改善工作和生活间的平衡 | 时间 | 目的 |
| 我感到我的职业生涯陷入困境 | 进步 | 自信 |
| 我对自己失去了信心 | 自信 | 韧性 |
| 我想从工作中找到更多的意义 | 目的 | 进步 |
| 我在工作中遇到了困难 | 韧性 | 关系 |

# 第2章

# 韧性

CHAPTER 2

如果一切皆完美，你永远不会学习，你也永远
不会成长。

——碧昂丝·诺尔斯（Beyoncé Knowles）

# 当事情不按计划进行时，你该如何应对

## 韧性：为什么要进行自我培训

1.不论所在的行业、所处的水平和经验的多少，每个人在职业生涯中都会遇到逆境。

2.你不能等到困境来临时才开始培养自己的韧性。相反的，你可以主动地去培养一些能够帮助自己应对困境的技能，既让你能更好地面对日常生活中的压力，也为那些突如其来的挑战做好准备。

## 成功没有捷径可走

你无法预测或控制职业生涯中的每个方面，但可以百分之百确信的是，有时一些意外发生的事件会使你偏离正常的轨道，让你觉得自己的职业道路非常棘手而非仅仅曲折。等到逆境发生在自己身上的时候才去认真考虑培养韧性，这样的做法是冒险且被动的。相反的，持之以恒地培养自己的韧性则能够带来两方面的助益：你将能更好地应对日常工作中的挑战；你将拥有一定的韧性储备，以备不时之需。

**韧性储备**

在你为培养韧性付诸持续行动后，会收获相应的成果，能够在你需要时起作用。

## 逆境出现的形式并不单一

人们常把对韧性的需求与职业生涯中的艰难时刻联系在一起。或许是在被裁员的时候，或许是身处不健康的职场环境之时，人们当然需要韧性来帮忙应对这些异常困难的时刻；然而人们忽略的，又或者说是没有充分认识到的是，韧性也能够帮助人们在日常工作更好地把握方向。在每一个平凡的工作周中，大多数人都会经历优先事项的不断变化、超出预期的行动、需要解决的新问题和需要搞定的难缠人物。当你培养好自己的韧性时，你将能适应各种逆境，无论是项目脱轨时的"办公室艰难日"，还是全年的希望都因公司重组而破灭的绝望时刻。你可以把这看作是自己的"韧性区间"，即不论逆境以何种形式出现，你都能够很好地去应对和解决。

**韧性区间**

你应对各种逆境的能力，从日常小挫折到重大变故。

## 重建韧性

通常来说，韧性被描述成是"回弹"的能力。但我们发现，当你正通过某项艰难的挑战来进行自我培训时，这样的描述方式可能是个无助益甚至是有限制性的起点。你在自我培训时使用的词语很重要，它们会对你的观点和行为产生方方面面的影响和作用，因此，你应该谨慎选择。正如哲学家路德维希·维特根斯坦（Ludwig Wittgenstein）所说，语言的界限即人生的界限。身处困难的情境中时，想要完全"回到"原来的位置几乎是不现实的。将目标定位为"回弹"也会给自己带来压力，要求自己效仿着说出"我很好"，即使事实并非如此。培养韧性很重要的一点在于，能够明白无力感是完全合理的，并且能够在需要时求助。尽管提及回弹时通常不是指字面意思，但我们仍然建议，在进行韧性相关的自我培训时更多地去关注未来，以及如何取得积极的进展，这样会更有帮助。

## 思维陷阱和积极提示

思维陷阱能够有效地对头脑中的某些假设进行识别，防止它们在培训过程中对你的开放和乐观态度造成干扰。

- 我无法摆脱目前的处境。
- 这种情况让我感到不公平，但我无能为力。
- 没人明白我正在经历什么。
- 我不是一个"强硬"的人。
- 我希望一切能回到过去那样。

对上述思维陷阱进行表达上的重构，使之成为积极提示，这样你就能在自我培训的过程中对自己的假设进行解锁，并获得探索新选项以及可能性的能力。

从：我无法摆脱目前的处境。

到：我可以从相似处境的人那里学到什么？

从：这种情况让我感到不公平，但我无能为力。

到：在我的能力范围内，"我能够"采取哪些有所帮助的行动？比如说，我可以和前领导谈谈，我可以更新一下自己的领英（LinkedIn）账号中的资料，我可以列出我在过去12个月内的成就。

从：没人明白我正在经历什么。

到：我能够通过怎样的表述，让他人更好地了解我的经历？

从：我不是一个"强硬"的人。

到：我如何充分利用我的优势（同理心、倾听力、敏感度等）来帮助我前进？

从：我希望一切能回到过去那样。

到：此刻我会对什么感恩？

**我的韧性思考陷阱**

---

**我的韧性积极提示**

---

## 如何训练自己的韧性

本章这节将帮助你在事情不按计划进行时进行自我培训。我们希望帮助你在日常培养自己的韧性，以备不时之需，同时也带给你有效的工具，来度过当前面对的逆境。

在第一部分中，我们将介绍：

~~ 如何评估你当前的韧性水平，以及你的优势和差距分别在哪里。

~~ 你可以通过哪些行动来建立韧性储备。

在第二部分中，我们将重点关注：

~~ 如何利用逆境审视来了解你的实际情况。

~~ 如何确保你采取的韧性行动对你有利，而不会适得其反。

~~ 如何运用"心理时间旅行"技术来反思过去，想象未来的选择并确定当前的行动。

在本章的最后，我们的专家卡加·奥德瑞（Kajal Odedra）——《做点什么》（*Do Something*）一书的作者，将和各位分享如何更自如地寻求帮助，以及职业发展导师作为挑战者和拥护者的重要作用。

## 你的韧性等级

就韧性等级评估而言，不存在明确的面面俱到的对照清单。但是，你可以通过培养一些特定的技能来建立自己的韧性储备。这个练习将帮助你思考自己的强项，找出自己的差距并进而采取行动。

使用下面分表，根据问题给自己打1~10分的评分。

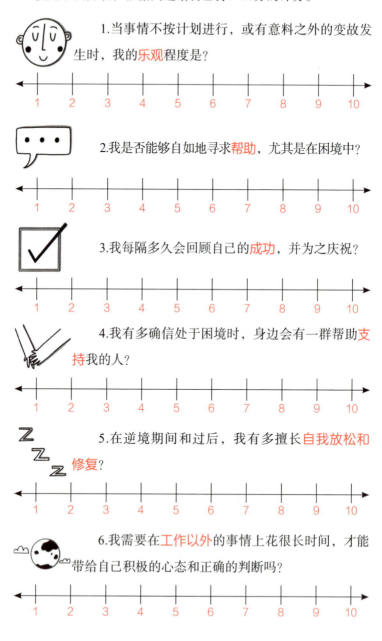

1.当事情不按计划进行，或有意料之外的变故发生时，我的乐观程度是？

1　2　3　4　5　6　7　8　9　10

2.我是否能够自如地寻求帮助，尤其是在困境中？

1　2　3　4　5　6　7　8　9　10

3.我每隔多久会回顾自己的成功，并为之庆祝？

1　2　3　4　5　6　7　8　9　10

4.我有多确信处于困境时，身边会有一群帮助支持我的人？

1　2　3　4　5　6　7　8　9　10

5.在逆境期间和过后，我有多擅长自我放松和修复？

1　2　3　4　5　6　7　8　9　10

6.我需要在工作以外的事情上花很长时间，才能带给自己积极的心态和正确的判断吗？

1　2　3　4　5　6　7　8　9　10

> 我的韧性等级：……
>
> 我最想要提升评级的部分：……

韧性等级评估能让你了解自己目前的韧性区间强度。再次提示，韧性区间是你应对各类逆境的能力，涵盖日常小挫折和重大变故。现在，你可以根据自己的韧性等级来进行下一步的规划，从而建立自己的韧性储备（指能帮助提升韧性区间的一些特定技能）。接下来，

成功不是一蹴而就的。而是当你每天比昨天变好一点点时，所有努力不断累加得到的。

——道恩·强森（Dwayne Johnson）

我们将针对韧性评级中的各个方面来分享一些自我培训中涉及的行动和自我提问，以此为你的培训过程提供支持。

## 韧性储备1：乐观

乐观主义感觉像是一种性格特质，但积极心理学家马丁·塞利格曼（Martin Seligman）的研究表明，每个人都可以学着变得更乐观。

乐观主义者不是傻瓜。他们在生活中往往做得更好——活得更久、更健康、更成功——原因很简单，他们不会忽视问题或轻言放弃。

——玛格丽特·赫弗南（Margaret Heffernan）

塞利格曼指出，PPP[①]

---

[①] PPP是指个人（personal）、无处不在（pervasive）、永久（permanent）的英文首字母组合。——编者注

（我们称之为悲观主义的PPP）的存在会对保持乐观造成妨碍。

## 悲观主义的PPP

1.个人（personal）=我的错（自我责备）

2.无处不在（pervasive）=我的生活（目前所有事情都不顺利）

3.永久（permanent）=我的未来（我觉得事情没有转机）

### 上述悲观主义的 PPP 中，哪个最令你感到熟悉？

_____

_____

每个人应对逆境的方式都不同，没有人能够永远保持积极乐观（事实上也不必如此）。清楚地了解逆境会对你的乐观心态造成怎样的影响，意味着你可以通过正确的行动带来正向的改善。针对悲观主义的PPP中的每一种，我们都提出了一个行动策略，你可以从中找出与自己关联性最大的进行尝试。

### 行动理念——个人：反馈错误

过分专注于自己的错误并不能帮助你前进。每个人都会犯错，没有人是完美的。旁观者有时看得比我们更清楚。向了解你经历的人寻求帮助，能够帮助你进行正确判断、原谅自己并专注于未来。这其实非常简单，只需要向某人描述你所处的情境，再问一句"你怎么看呢？"

### 行动理念——无处不在：多米诺骨牌没有全倒

列举出此刻你生命中所有不同的多米诺骨牌，比如你的家庭、工作项目和个人兴趣。对于你的每副多米诺骨牌，记录一件该领域中正顺利进行的事情，比如：孩子们在学校很开心，有很多有趣的客户，抽出时间去上动感单车课程等。通过这样的做法，人们能够意识到自己生命中大多数的多米诺骨牌仍然竖立着，尽管有一块暂时翻倒了。

### 行动理念——永久：进步 1%

在每一天开始时写下如何让今天比昨天好1%的计划，这将帮助你找出小而具体的改进方法，有时候也被描述为"微小的推进"。好比说，读一页我一直想开始读的书籍，午休30分钟，在"油管"（YouTube）上跟练10分钟的瑜伽课程等。

> 发现悲观主义的PPP在拖我后腿时，我可以尝试哪些行动？

_____

_____

## 韧性储备2：寻求帮助

在研讨会中，我们发现寻求帮助通常是人们给自己打分最低的韧性领域。人们似乎宁可靠自己尝试解决，甚至就此被难倒，也不愿自己的问题

> 你不需要知道所有答案，也不需要假装自己知道。
> ——西蒙·斯涅克
> （Simon Sinek）

给别人造成负担。

> ## 当别人向我求助时，我的感受是什么？

_____

_____

但事实上，人们在被求助时通常会感到受宠若惊，觉得自己是个有价值、受信任和被尊重的人。尽管感觉很难，但寻求帮助并不是我们需要感到抱歉或尴尬的事情。

### 行动理念：10× 帮助

在寻求帮助时，人们往往要求自己只向一个人求助。这其实会限制人们的学习和成长，因为得到的帮助越多，收获的也就越多。正如金融服务控股公司斯蒂费尔的欧洲总裁恩雅·奥利里（Eithne O'Leary）所分享的那样，没人能够垄断智慧。

想象一下，借用创新世界的一句话，将你得到的帮助乘10倍。在下面的表格中写下一个目前让你感到好奇或困扰的职业相关的问题。可以是"怎样进入一个新的行业""如何提升自己在会议中的严肃程度"等。然后写下10个可以帮助你的人的名字。"10"这个数字听起来或许有些可怕，但它会鼓励你从不同的地方和不同的人那里寻求帮助。这意味着你可能会重新联系某个之前曾经共事过的人、认识新的人或和你的领导聊聊（最好三者皆有）。

| 我需要求助的一个职业问题： | |
|---|---|
| 10位能够帮助我的人： | |
| 1. | 6. |
| 2. | 7. |
| 3. | 8. |
| 4. | 9. |
| 5. | 10. |

　　下面这些自我培训问题能帮助你进一步具体明确你需要的帮助。回答这些问题会让求助的实际部分更简单，因为你会更加清楚自己需要什么，以及为什么需要。

## 目前怎样的帮助对我来说是有用的?

_____

_____

## 针对我目前的需求，我可以向谁求助?

_____

_____

## 为什么他们是正确的求助对象?

_____

_____

## 韧性储备3：成功

　　当事情不按计划进行时，内心的批评家蔓延的风险就更高。

如果你听信内心的批评家，你就会开始认定自己一事无成，或者觉得你的成就和他人相比太过微不足道。要让内心的教练重新把控场面，最好的方法就是开始有意识地发现自己的成功，尤其是那些我们都认为理所当然的小成功。

当我们花时间去注意那些进行顺利的事情时，这意味着我们会在那天得到很多小奖励。
——马丁·塞利格曼

### 行动理念：小成功

这是我们最受欢迎的练习之一，既简单易行又富有洞察力。在每天结束前（包括周末），写下你在过去24小时内取得的一项小成功。这个成功可以来自生活中的各个方面：从工作（更新了我的领英资料）到健康（练了20分钟拳击）再到家庭（说服我蹒跚学步的孩子吃梨）等。

为了练习效果最大化，请按照以下的"3R"步骤来进行：

1.辨认（Recognize）：回想一个你今天获得的小成功。

2.记录（Record）：每天在同一个地方写下你的小成功。

3.复盘（Reflect）：复盘你过去的成功，并思考能从中学到什么。

把小成功记录下来是非常重要的，因为比起仅仅停留在脑海中的情绪或思想，用文字记录下来的积极瞬间更能让你真切体会到它们的价值。如果你像海伦一样喜欢记录日程和日记，你可以坚持每天进行这项练习。或者你也可以像莎拉一样，在感觉内心的批评家正在行动时重新进行练习。

**我该怎样通过适合我的方式来复盘成功？**

_____

_____

## 韧性储备4：支持系统

你的支持系统由一群能够帮助你度过逆境的人组成，可能包括从过去到现在的家人、朋友和同事。当事情不按计划进行时，有一群支持着你的人在身边是非常有帮助的。人们都需要无条件支持自己的人，同时，人们也需要会质疑、挑战、激励和同情自己的人。在建立支持系统时需要当心的是，千万不要建

> 只要有对的人支持你，一切皆有可能。
> ——米斯蒂·科普兰
> （Misty Copeland）

造一间人人都同意你观点的"回声室"。他人的观点是否有所助益，这与你是否与之一致无关。比方说，莎拉经常与她的一位导师观点相左，但这不妨碍她认为导师的观点有价值且令人深思。

### 行动理念：韧性榜样

正如我们在本章开始时所说，每个人都会经历逆境。思考下你的韧性榜样是谁，以及你可以从他们身上学到什么。成为韧性榜样的理由多种多样，我们列举了几个来帮助你起步。

背景：与你身处不同工作环境的值得学习的人。比如说，如果你在大公司任职，那就去找自己创业的人。

阶段：与你身处不同职业发展阶段的人，如刚刚开始工作或即将退休的人。

经历：有过你不熟悉的特殊经历的人。比如，我们的朋友汤姆和詹姆斯会接受极限挑战，例如攀登美国加利福尼亚州的埃尔卡皮坦山，这显然需要常人难以想象的超强韧性。即便我们完全不打算去攀登陡峭的悬崖，我们仍然能够从他们身上学到很多！

**我该怎样通过适合我的方式来复盘成功?**

_____

_____

## 韧性储备5：休息与恢复

面对逆境，有时人们的反应是要做得更多。人们会进入加速状态，希望通过更长时间更加努力的工作来到达成功的彼岸。但这样的应对方法并不会让人们更有韧性，只会使人们筋疲力尽。即使人们表面上停止了工作，也不一定意味着自己正在恢复。研究员肖恩·埃科尔（Shawn Achor）与米歇尔·吉兰（Michelle Gielan）指出，对于大多数人来说，停下工作并不等于开始恢复，缺乏恢复已经成了人们获得韧性和成功道路上的阻碍。那种即便在与伴侣共进晚餐或晚上尝试入眠时，工作依旧占据头脑的感觉，对人们来说并不陌生。

如果你累了,学会休息,而不是放弃。

——班克西（Banksy）

## 行动理念：积极休息

亚历克斯·索勇·金·庞（Alex Soojung Kim Pang）在他的《科学休息》（*Rest*）一书中指出，你在刻意且积极的休息上投入越多，工作就会越高效。积极休息听起来或许有些矛盾，但本质上是通过让你全神贯注于某项活动，使得大脑能够暂时脱离工作、获得休息。正如庞指出的那样，科学休息能带来很多好处，因为它帮助你"从一整天的压力和疲惫中恢复过来，使得新的经验和教训在记忆中沉淀下来，并给潜意识留出空间来继续工作"。科学休息的形式是个性化且私人化的，同时，思考一下如何使之成为目前生活的一部分也会有所帮助。我们通过询问一些朋友和"照片墙"上的关注者，了解到他们积极休息的形式，并通过分享这些例子来展示这些休息形式的多样性，同时也希望能带给你一些灵感。

**我的积极休息有哪些形式？**

**我该如何使积极休息成为工作周的一部分？**

## 韧性储备6：工作以外的世界

　　工作在很大程度上决定了你是怎样的人，工作是人们身份的重要组成部分。人们所面对的挑战在于，当工作成了自己的全部时，就没有多余的时间留给工作以外的人或事了。心理学家使用

"纠缠"一词来描述这种工作与生活间的界限日益模糊，以致个人身份失去重要性的情况。如果你过分陷入工作中，使得工作成了你的全部，那么你很可能遭受筋疲力尽和职业危机的情况，甚至失去独立于工作之外的你的人格。

你无须将工作作为生活的全部。我认为你必须为自己空出时间，这样工作才不会成为你生命的全部意义。

——梅根·马克尔
（Meghan Markle）

### 行动理念：让你微笑的"小确幸"

这一想法来源于尼尔·帕斯理查（Neil Pasricha）的博客"1000个美好时刻"（1000 Awesome Things）。帕斯理查在2008年开通该博客，那时他刚接连遭遇婚姻失败和好友去世的打击。他连续1000天每天在博客上发布一个美好的时刻，涵盖了从睡新床单到吃小时候喜欢的食物等各种时刻。

在下面的表格中，写下5件让你微笑的"小确幸"，最好是免费或花费较低的事情。莎拉的"小确幸"包括喝咖啡、读小说等，而海伦则喜欢烹饪、长时间沐浴和听诗歌播客等。请在表格中记下你当前觉得自己正在培养还是忽视这些"小确幸"。

| 让你微笑的"小确幸" | 培养还是忽视？ |
|---|---|
|  |  |

续表

| 让你微笑的"小确幸" | 培养还是忽视？ |
|---|---|
| | |
| | |
| | |
| | |

　　这一练习能够帮你快速地回顾自己此刻正在培养还是忽视工作以外的世界。它可能会帮你想起某件你很喜欢但很久没做过的事情，或是让你意识到工作正以不健康的强度侵占你的时间。

> **除工作以外，我希望更多地关注生活中的哪些方面，来帮助自己保持积极乐观的情绪？**

_____

_____

## 如何从逆境走向行动

　　人们面对逆境时的反应各有不同，这与人们的个性以及所面对的逆境的本质有关。当事情不按计划进行时，逆境审视可以作为一个好的起点。一次对于逆境的审视能够帮助你快速地了解自己所面对的挑战的本质。这是一个简短的练习，通常不会超过10分钟。我们在下面提供了一个示例，来向你展示如何将其付诸实践。

> 当我们的头脑被恐惧所占据，就不再有空间接纳真相。
> ——汉斯·罗斯林
> （Hans Rosling）

| 逆境审视 | |
|---|---|
| 如何用一两句话描述目前的情形 | 示例：我的团队正在经历重组，我不知道我的工作会发生什么 |
| 这一情形有多么出乎意料？我是否猜到（或知道）它会发生 | 示例：完全出乎意料——没想到它会发生 |
| 这次逆境在某些方面似曾相识（曾经经历过类似的情形？），还是完全陌生 | 示例：过去曾被解聘过一次 |
| 此刻我的生活中还有哪些方面正在经历逆境 | 示例：工作以外一切都还算顺利 |
| 接下来会发生什么 | 示例：我们周五和经理有场团队会议，会上她会宣布之后的情况 |

逆境审视能帮助你清楚并简要了解自己面临的情况。在逆境中，人们往往对自己当前在职业生涯中所处的位置，以及接下来可能发生的情况感到失控和恐惧。在这种时候，人们很可能会忘记或回避目前情境的本质。或许你不喜欢、不赞同这些事实，但你必须先了解这些事实才能决定后续采取怎样的行动。接下来，我们将讨论如何就逆境反应进行自我培训，然后专注于如何将对逆境本质的认识转化为行动。

## 逆境反应

在面对逆境时，你的反应在一定程度上受到你是思想家还是实干家的影响。如果你是个思想家，你会渴望了解原因，并且你脑海中的问题很可能会从为什么开始：为什么会发生这种情况？而如果你是个实干家，你的反应会更受行动的推动，并且你更可能会对"什么"提问：我下一步该做什么？

在进行逆境审视的同时，写下你对以下自我培训问题的想法。在此之前，阅读后面的表格也许可以帮助你更好地思考和回顾。

**面对这种情况，我的第一反应是什么？**

_____

**这样的反应可能带给我什么益处？**

_____

**这样的反应可能带给我什么坏处？**

_____

**从那些用和我不同的方式应对逆境的人身上，我能够学**

## 到些什么?

| 韧性反应 | | | |
|---|---|---|---|
| | 可能的反应 | 益处 | 弊端 |
| 思想家 | 我要弄清楚是哪里出了问题。<br>为什么这种事情会发生(在我身上)?<br>我需要一些时间来了解和思考目前的情况 | 我承认情绪的存在,并且不回避。<br>我寻求他人的观点来帮助加深自己的理解。<br>我对他人在相同情况下可能受到的影响产生共鸣。<br>我从对过去的反思中为未来学习 | 我可能会长时间地停留在负面情绪中,也就是愤怒、沮丧和失望。<br>在找到"正确"的答案之前,我可能会踌躇不前 |
| 实干家 | 我能做些什么来解决这个问题?<br>我今天可以采取什么行动?<br>谁能帮助我处理好这个问题 | 我专注于自己能够控制的事情上。<br>我有信心将情况逐步改善。<br>我寻找自己此时此刻能够采取的行动 | 我可能会先行动而后才思考。<br>我回避(或忽视)负面情绪 |

## 搭建从逆境通往行动的桥梁

现在,你可以利用对当前逆境的认知来专注于想要采取的行动。我们将探索两种不同的练习,两者都需要进行一定的"心理时间旅行"。时间旅行的技巧是自我培训方法中的有效组成部分,尤其是当你目前面临的情况令人有些不快时。我们先从对过去的回顾开始,这样你就可以从过去行之有效的案例中学习。随后,我们会探讨如何通过对未来的想象，给当下以启迪。

## 逆境回顾

对过去逆境的回顾能够带来三方面的好处：

1.回想起过去克服逆境的经历能帮助你建立信心，相信现在的自己也一样能做到。

2.回顾过去的逆境有助于发现你当下所感恩的事物，从而增强你的积极性。

3.找出过去自己战胜挑战的方法有助于思考现在可能有效的行动。

先描述三个你过去克服逆境的例子，尽量包含职业生涯中迄今遇到的不同情况，从而扩大学习和回顾的范围（莎拉的例子包括：没有得到晋升并且面临裁员风险、积极投入的项目被取消以及休产假；海伦的例子则是：同时应付工作和学习、难缠的经理以及带领大家度过组织架构调整）。

> 通往过去的时间旅行往往更神奇。穿越到未来其实是你每天都在做的事情。但你往往走不太远。因此，我更喜欢通往过去的旅行。
>
> ——史蒂文·莫法特
> （Steven Moffat）

**我过去有过哪些克服逆境（任何形式）的例子？**

举例1：＿＿＿＿＿＿＿＿＿＿＿＿＿＿＿＿＿＿＿＿

举例2: _____

举例3: _____


### 针对每个例子，我采取的哪项行动取得了积极的进展？

举例1 我的行动: _____

举例2 我的行动: _____

举例3 我的行动: _____


### 我能从每个例子中学到什么，给当前的情况带来帮助？

举例1 我的心得: _____

举例2 我的心得: _____

举例3 我的心得: _____


## 想象未来的选择

在你脑海中可能已经出现了至少一个版本的、比现在更积极的未来。请在下文的空白处，记下几种不同版本的、在你看来鼓舞人心的未来。

为了帮助激发你的想象力，请思考以下问题：

> 如果没有想象力的跃进、没有梦想，我们就会失去可能性以及随之而来的兴奋感。毕竟，梦想也是某种形式的计划。
>
> ——格洛丽亚·斯泰纳姆
> （Gloria Steinem）

↳ 你能想象的最好的未来是怎样的？

↳ 哪个梦想因为不知道如何实现而让你感觉太过困难？

↳ 你能唤醒曾经的哪项抱负？

↳ 你受到谁的启迪？

我们应该把过去看作老师，而非主人。
——艾德·卡特姆
（Ed Catmull）

## 想象我的选择：创造不同版本的未来

我的未来  版本1：_____

_____

我的未来  版本2：_____

_____

我的未来  版本3：_____

_____

## 一厢情愿的想法与切实可行的下一步

　　想象不同的未来或许很有趣，但困难的地方在于下一步该去哪里。纽约大学心理学教授加布里埃尔·厄廷根（Gabriele Oettingen）研究人类动机已超过20年，他曾分享说，尽管对未来可能性的想象很重要，但只有当人们同时也承认沿路可能出现的障碍并想方设法克服它们时，这些想象才有效。这种同时考虑可能和问题的过程被称作"心理对比"。下面的这个练习旨在帮助你从一厢情愿的想法迈向切实可行的下一步。你可以多次重复进行这项练习，从而得到一系列能够帮助你克服逆境的方案。

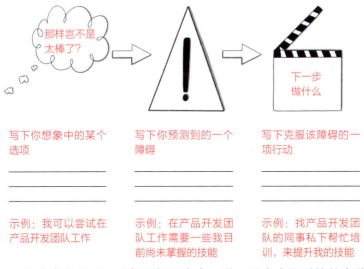

写下你想象中的某个选项

示例：我可以尝试在产品开发团队工作

写下你预测到的一个障碍

示例：在产品开发团队工作需要一些我目前尚未掌握的技能

写下克服该障碍的一项行动

示例：找产品开发团队的同事私下帮忙培训，来提升我的技能

　　在本章的最后，我们想提醒大家，世上没有克服逆境的完美方法，也没有人能一直不犯错，每个人都会在职业生涯中碰壁，即便是迈克尔·乔丹（Michael Jordan）都说："任何障碍都不能阻挡你的前进。如果你遇上一堵墙，不要转身放弃，而是想办法

爬过去、穿过去或者绕过去。"

### 向专家——卡加·奥德瑞提问

作为人类，我们生来就会互帮互助

正如海伦·凯勒（Helen Keller）所说："一个人能做的很少，但一群人一起可以做很多。"

培训问题：我知道自己应该求助，但我担心如果这么做的话，别人可能因此评价我，并且认为我应该自己解决问题。我该怎么办？

专家回答：我也觉得开口求助有些困难。但每当我鼓起勇气去做这件事时，我常常如释重负。

作为人类，我们生来就会互帮互助

我们都希望成为被求助的对象。回想一下那些别人向你求助的时刻——你可能感到受宠若惊，并且因成为他们求助的对象而感到光荣。我们是追求目标的社会性动物，科学研究表明，给予能够激发大脑活力。实验发现，利他主义在大脑中是根深蒂固的，并且是令人愉悦的。我们之所以害怕求助，是因为这会让我们看起来很脆弱，并且我们也担心这会让自己看起来不是无所不知的。但事实上，没有人是无所不知的，我们都需要帮助。聪明的人其实是那些知道自己的局限，并且寻找所需要的信息的人。

压力会在表面之下积聚

作为一名社会运动人士，我在工作中有时会感到孤单。即使你拥有一个由支持者和友爱的朋友家人组成的团体，你依然是必须做出决定并推动活动进行的人。其中一部分的压力其实来自对自己的怀疑，不确定自己所做的决定是否正确，一切是否朝着正确的方向前进。即便你没有意识到这种怀疑的存在，它依然可能存在于表面之下。这种潜藏于表面之下的压力会不断积累，在最坏的情况下，甚至会让你感到不适。这种情况就曾发生在我身上；在我意识到这份压力其实来源于我所背负的沉重负担时，我为自己寻找了一位导师。导师是能够给你提供建议和指导的人。他们能够利用自己的经验和人际关系网为你提供支持。他们也会带着支持的态度对你提出部分质疑，从而帮助你成长。最重要的是，他们可以凭借他们的知识和经验，指引你走在正确的道路上。

寻求帮助

要找到自己的导师，可以考虑那些与你做类似工作但更有经验的人，或者那些单纯让你尊敬和钦佩的人。然后向他们寻求帮助，具体清晰地向他们表达你希望通过与他们交往获得什么，例如你希望每个月与他们见面一次，花一小时的时间和他们探讨活动方案。最糟糕的情况是他们太忙或者目前无法接收学员，但至少你已经与他们建立了联系，他们以后可能会以其他方式提供帮助。对于所有潜在的导师而言，因为经验和权威而被人求助其实是一件令人愉快的事情，因此千万不要害怕联系他们。要记住，你是在赞美他们！

一旦拥有了自己的导师，请你务必做好交往中的一些"体力活"。导师为你付出了时间和心血，因此，你应该主动安排好见面的时间，并且带着想要探讨的话题来赴约。你的付出与收获成正比。像这样与导师建立正式的联系能让你很好地获得自己所需要的帮助，并且在这种关系中，对方能够预见你每次见面时都会提问，就避免了每次提问都要重新鼓起勇气的困难，减轻了自己的压力。我们或多或少都有些害怕求助，但我们必须提醒自己，没有什么卓越的成就是靠一个人单打独斗完成的。

## 做自己的教练

你可以使用COACH工具，将自己对于本章内容的见解和思考整合在一起，从而用它们来解决某项你此刻正面临的职业生涯的困难。花时间用COACH整理自己的想法，能帮助你进一步明确自己的行动，增加你的自信，并找出你需要的支持。你越多使用COACH进行练习，越会发现自己正得心应手地使用这一方法来应对工作和职业发展中的挑战。

---

**COACH**

**清晰** —— 你的自我培训挑战是什么?

**选项** —— 你可以尝试哪些选项?

**行动** —— 你准备采取什么行动?

**信心** —— 你对上述行动有多少信心?

**帮助** —— 你需要什么帮助来应对这一挑战?

# 总 结

韧性：当事情不按计划进行时，你该如何应对

如果一切皆完美，你永远不会学习，你永远不会成长。

——碧昂丝·诺尔斯

**为什么要进行自我培训**

成功没有捷径可走。

每个人在职业生涯中都会遇到逆境，不论其所在行业、所处水平和所掌握经验的多少。

培养韧性是每天都可以做的事情；无须等到挑战来临时才开始培养自己的韧性

**自我培训概念**

**韧性储备**：在你为培养韧性付诸持续行动后，会收获相应的成果，能够在你需要时起作用。

**韧性区间**：你应对各种逆境的能力，从日常小挫折到重大变故

## 培训工具

### 韧性等级

### 想象未来的选择

### 一厢情愿的想法与切实可行的下一步

续表

**自我培训问题**

1.培养韧性能为我今天的工作带来什么帮助？

2.我该如何捕捉自己每个月的小小成功？

3.我应对困境时的反应会带来哪些好处和坏处？

4.我从过去摆脱困境的经历中学到了什么，当前能给我带来哪些帮助？

5.当事情不按计划进行时，谁能帮助我？

无论生活带给你什么，都用创意来回应。这是韧性的引擎。

——伊丽莎白·吉尔伯特（Elizabeth Gilbert）

# 第3章

## 时间

CHAPTER 3

我们只需决定，如何利用好上天赋予我们的时间。

——约翰·罗纳德·瑞尔·托尔金（John Ronald Reuel Tolkien）

# 你如何控制工作时间

## 时间：为什么要进行自我培训

1.人们都忙得不可开交，以至于无暇思考花在工作上的时间是否得到了妥善利用。通过自我培训，让工作不再忙忙碌碌，并提高工作质量。

2.人们工作和生活之间的界限变得越来越模糊，渴求在工作和生活之间取得一个完美的平衡简直是天方夜谭，也与人们今天的生活格格不入。人们最好把精力花在了解如何合理利用时间的选择方案上，找到适合自己的工作和生活方式。

## 让工作不再忙忙碌碌

对"目前工作怎么样？"这个问题，人们都习惯于用同样的方式来回答：忙碌。忙碌已经成为大家公认甚至渴求的工作状态，"炫忙"甚至影响了人们对（自己和他人）地位的看法。最

避免碌碌无为。
——苏格拉底

近的一项研究发现，如果社交媒体上出现两个不同的帖子，一个帖子是"炫忙"的，另一个帖子是谈论他们休闲时间的，人们会认为忙碌的人有更高的地位。忙忙碌碌但精彩纷呈的生活，已经

成为荣誉的象征和成功的标志。

但是，忙碌并不等同于妥善利用时间，它会导致行为研究人员所说的"隧道视野"①现象的发生。当我们只能专注于眼前迫切但影响力低的任务时，就会出现"隧道视野"现象。这会导致工作质量的下降（在这种情况下，人们的智商实际上也下降了），并掉入所谓的"时间稀缺的思维陷阱"。这时人们无法及时进行脱离"隧道"的战略思考。总之，当人们感到紧张和时间紧迫时，注意力和认知带宽就变得狭窄了，好像人们在隧道里一样。让工作不再忙忙碌碌，人们才能提高对"出色工作"的满意度和感觉。正如《深度工作》（*Deep Work*）的作者卡尔·纽波特（Cal Newport）所言：做少点，做好点，知道前因后果。

## 找到适合自己的工作和生活方式

在过去几年中，工作和生活之间的界限变得越来越模糊。得益于信息技术的发展，人们能自由地在任何地方工作，但同时我们也创造了一种永远在线的文化。正如《新哲人》（*New Philosopher*）杂志上所写的那样，人们下班了还停不下来。

在传统意义上，人们对工作与

时间管理其实是一个误称，我们挑战的是管理自己。
——史蒂芬·柯维（Stephen Covey）

---

① 隧道视野是指一个人若身处隧道，他的视野就会非常狭窄。——编者注

生活之间"平衡"的描述，由于无法体现出如今工作在人们生活中所发挥的作用，因此给人感觉已经过时了。但是，如何使工作和生活不冲突，对人们而言依然是一个挑战。在职业生涯中，人们现在比以往任何时候都更有可能感到倦怠。世界卫生组织认为，人感到倦怠后，会有3种症状：

1.感觉体能耗尽或枯竭。

2.与工作脱节的情况增多，或对自己的职业感到消极。

3.劳动效率降低了。

如果你出现了上述症状，也无须紧张，因为不只你一个人会这样。盖洛普的一项研究发现，有2/3的全职员工在工作中经历过倦怠，对他们的信心、工作表现和健康产生了负面影响（倦怠员工请病假的可能性要高出63%）。

与其追求工作与生活之间的"平衡"，或许描述人们愿望的一个更有效的方式，是找到最适合自己的工作和生活方式，即以适合自己的方式，将生活的各个方面融合在一起的能力。我们有时也将其描述为工作与生活的灵活性，它对年轻人的吸引力非常大，他们中的大多数人为了找到适合自己的工作和生活方式，宁愿忍受更少的薪酬待遇。

## 你的工作时间：得到妥善利用还是被浪费掉了

"时间"是英语中常用的名词，这显示出人们对它的重视程度。人一生中约有9万多小时用在工作上，随着工作时间的增加和退休年龄的延迟，这一数字可能还会增加。每个人每天的时间是一样的，你既不能购买时间，也不能创造时间。考虑一下，你把大部分工作时间都用到哪里了。起初浮现在你脑海中的通常是会议和电子邮件。人们平均每天会收到120多封电子邮件，每个工作周有一半以上的时间用于开会，与20世纪60年代相比，增加了30%以上。许多人说我们没有时间做工作，却把一半的

时间浪费在既不会帮自己把工作做好，自己也不会因自己的付出感到欣慰的事情上。

## 时间管理误区

与其考虑妥善利用时间对自己意味着什么，你不如先找出一些会妨碍我们时间管理的误区。

### 误区 1：某个应用程序能对时间进行管理

凭借现有的技术，你能够应对时间管理给你带来的挑战。例如，在苹果手机的应用商店中进行快速搜索后，就会出现很多个应用程序，这些应用程序都保证能对时间进行管理。虽然这些工具可能有用，但它们无法彻底改变你使用时间的方式。指导自己管理时间是一项挑战，而你发现的答案对你而言将是独一无二的。

### 误区 2：工作产出才更重要

时间管理给人的感觉，好像是寻找增加产出的方法。你每天很早就起床，用倍速方式收听播客，并在会议中进行多任务处

理。然而，当产出是衡量时间管理的首要标准时，你永远不会满足（只会筋疲力尽）。人们需要将关注点从产出转移到结果上面。如果产出意味着做更多的工作，那么结果就意味着把工作做得更好。

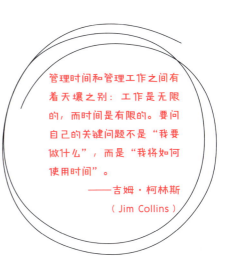

管理时间和管理工作之间有着天壤之别：工作是无限的，而时间是有限的。要问自己的关键问题不是"我要做什么"，而是"我将如何使用时间"。

——吉姆·柯林斯（Jim Collins）

### 误区3：成功的秘诀

人们对其他人如何使用时间感到很着迷，一部分原因是觉得打开他人世界的一扇窗口很好玩，另一部分原因是人们希望复制他们成功的"秘诀"。听到首席执行官说他每周读一本不同的书，于是人们认为"这就是我需要开始做的事情"。观看了对成功企业家"人生中的一天"的采访后，又促使人们问"我为什么不在每天早晨冥想一个小时呢？"这些对他人生活的小小一瞥，通常展示的是他人较好的一面。但是，世界上根本就没有"剪切和粘贴"的方法，让你妥善地使用时间。因为每个人都是独一无二的，重要的是要找出适合自己的方法。

## 思维陷阱和积极提示

思维陷阱能够有效地对头脑中的某些假设进行识别，防止它们在培训过程中对你的开放和乐观态度造成干扰。

　⟿ 我无法控制工作时间安排。

　⟿ 我每天都排满了一个接一个的会议。

　⟿ 一天中没有足够的时间让我把工作干完。

　⟿ 其他人能够比我更好地管理时间。

　⟿ 我没有把时间花在对我来说最重要的事情上。

对上述思维陷阱进行表达上的重构，使之成为积极提示，这样你就能在自我培训的过程中对自己的假设进行解锁，并获得探索新选项以及可能性的能力。

从：我无法控制工作时间安排。

到：是什么让我感到能够控制生活的其他方面？

从：我每天都排满了一个接一个的会议。

到：如果不用参加每次会议，我怎样才能为一场对话或一个项目也出点力？

从：一天中没有足够的时间让我把工作干完。

到：我怎样与经理合作，重新安排工作的优先次序？

从：其他人能够比我更好地管理时间。

到：对于我目前的时间管理方式，别人会羡慕哪一点呢？

从：我没有把时间花在对我来说最重要的事情上。

到：我怎样才能与那些对我支配时间有影响的人，分享对我来说重要的事情呢?

> ### 我的时间思维陷阱
>
> ---
>
> ### 我的时间积极提示
>
> ---

## 如何妥善利用时间

本节将帮助你指导自己，妥善地利用好时间。

在第一部分，我们重点讨论今天你该如何支配时间，如何在现有时间内提高工作质量。在第一部分结束时，你会了解:

- 妥善利用时间对你来说意味着什么。
- 如何进行时间权衡。
- 如何找到你的心流（flow）。
- 如何阻止干扰你的事情的发生。

在第二部分，我们将继续讨论适合自己的工作和生活方式，并探讨如何更好地控制自己的时间。你将弄明白:

- 对你而言，目前适合你的工作和生活方式看上去是什么样的。
- 如何将生活的不同部分融合在一起。

当适合自己的工作和生活方式失去控制时，你该如何
应对。

我们在本章结尾提供了10种时间管理策略，供你参考。此
外，还有来自作家格雷厄姆·奥尔科特（Graham Allcott）的建
议，教你如何不让会议在一天时间中占据主导地位。

## 你对自己的时间有什么感觉

在你关注今天支配时间的实际效果前，通过探讨你今天对时
间的感觉，进而获得一些认识，这是很有用的。

先在下面的标尺上圈出你今天对时间的控制感。

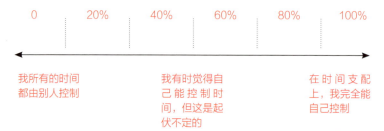

现在，请回答下面的自我培训问题吧。

如果我把时间想象成一个人的话，我该如何描述那个人
（例如，他们是冷静和镇定的，忙乱和紧张的，还是高
效和专注的）？

我在什么时候感觉时间过得飞快?

_____

我在什么时候感觉时间格外漫长?

_____

我今天对自己与时间的关系有什么感觉?

_____

　　为了提高你的认识,请在下方标出对你来说是真实的陈述。我们在一些圆圈里面留了空白,以防遗漏掉任何其他的感觉。

## 你对自己的工作时间有什么感觉

| | | |
|---|---|---|
| **我感到不堪重负**<br><br>从来没有足够的时间来做需要完成的事情。 | **我感到陷入困境**<br><br>时间似乎在支配着我,而不是我来支配时间。 | **我感到内疚**<br><br>我把时间花在错误的事情上,或者无关紧要的事情上。 |
| **我感到失控**<br><br>别人似乎比我自己更能控制我的时间。 | **我感到负责**<br><br>虽然并不总是那么完美,但我感到可以掌控自己的时间。 | **我感到积极**<br><br>我努力工作,确保我的时间为我所用。 |
| **我感到高效**<br><br>我不会把时间浪费在不需要的事情上。 | **我感到被评判**<br><br>别人似乎并不赞同我支配时间的方式。 | **我感到有效**<br><br>我能够看到我的工作时间所产生的积极影响。 |

| | | |
|---|---|---|
| 我感到工作过度<br><br>对我一天能干多少事有不切实际的期望。 | 我感到压力<br><br>以一种不适合自己的方式工作。 | 我感到撕裂<br><br>我用各种方式把自己分割开来——我希望我可以同时出现在两个地方。 |
| 我感到 | 我感到 | 我感到 |

人们对工作时间的感觉总在发生变化，人们每个人总会有那么几个星期的时间，感到不堪重负或失去控制。思考一下，你工作时间常见的感觉是什么。哪些感觉是熟悉的、经常出现的？在开始下一节之前，请在下面的自我培训问题上记下你的想法，反思一下你究竟想要从工作时间上获得什么感觉，并试着描述妥善利用工作时间对你来说意味着什么。

## 我究竟想要从工作时间上获得什么感觉？

---

### 妥善利用工作时间意味着：

---

现在，你对自己的时间有了一些认识，我们将继续讨论一些实用的工具，帮助你了解今天把时间用在哪里了，并进行权衡和取舍。

## 你的任务：时间分配比例

这个练习的目的是帮助你快速了解你今天是如何使用时间

的，以及你可能想要在哪里做出改变。这么做的目的，也不是非要精确到每一分钟，追求百分之百的准确。当然，你如果想这么做的话，也并不是办不到的。以下几步可以帮你做好时间分配。

第1步：先想一下你在工作中要做哪些不同的任务，粗略估算一下你目前花在这些任务上的时间比例。

| 我的任务：时间分配比例 | |
|---|---|
| 任务 | 时间分配比例（％） |
| 例如：管理、项目工作、学习、交流、计划、处理电子邮件 | 管理（10%）、项目工作（40%）、学习（5%）、交流（20%）、计划（5%）、处理电子邮件（20%） |
| | |
| | |
| | |
| | |
| | |
| | |
| | |

第2步：接下来，用下面的第一个圆圈，将上述表格转换成饼状图，这样你就可以直观地看到今天在工作中你是如何使用时间的。

第3步：用第2个饼状图的圆圈，想象一下理想的时间分配比例是什么样的。

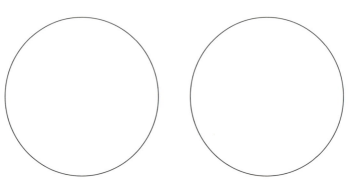

我的任务：今天的时间分配比例    我的任务：理想的时间分配比例

第4步：用下面的表格总结一下，看看你想在哪些活动上投入更多的时间，想在哪些活动上投入更少的时间，想在哪些活动上的投入时间保持不变。

| 我的工作时间 | | |
|---|---|---|
| 增加 | 减少 | 保持不变 |
| | | |

### 时间权衡

　　当人们试图改变时间的使用方式时，容易犯一个常见的错误，即忘记或忽视了改变时间使用方式的可选方案。如果你想在一项活动上投入更多的时间，你只有两个选择：要么减少其他活动的时间；要么延长工作时间，在当天增加在这项活动上投入的时间。第二种选择不太可取，也难以持续。因此，如果把精力集中在熟练掌握"时间权衡"上，对你的帮助会更大。有个方法可以做到这一点，即使用一种叫作"如果……那么……"的序列语句的技术。

### "如果……那么……"序列语句

　　时间权衡总会涉及选择和结果，"如果……那么……"序列语句能够帮助你和其他人找出这些选择和结果可能是什么，那么你就可以确定该采取什么行动了。我们没有规定你必须完成几轮"如果……那么……"序列语句，不过，在你确定接下来将要采取的行动前，我们建议你一直持续下去。我们在下面提供了几个例子，说明在实践中如何运用"如果……那么……"序列语句。我们还提供一个空白模板，你可以在上面写下自己的"如果……那么……"序列语句。

#### 案例1

如果：我想在演讲上多花点时间。

那么：我需要在协调团队会议上少花点时间。

如果：我想在协调团队会议上少花点时间。

那么：我需要得到经理的支持来实现这一目标。

如果：我想得到经理的支持。

那么：我需要找出还有谁可以帮助我协调团队会议。

如果：我想在协调团队会议方面得到帮助。

那么：我需要考虑谁从团队会议中获得了经验和技能。

我的行动方案：和最近加入团队的同事聊天，询问他们是否有兴趣与我一起工作，对团队会议给予支持。

## 案例 2

如果：我想在工作中多花点时间学习一项新技能。

那么：我需要在现在从事的工作上少花点时间。

如果：我想在现在从事的工作上少花点时间。

那么：我需要弄清楚我可以停止或推迟哪些任务。

如果：我想弄清楚我可以停止或推迟哪些任务。

那么：我需要对我的所有工作进行评估，并找出最重要的事情。

如果：我想对我的所有工作进行评估，并找出最重要的事情。

那么：我需要每周五花30分钟时间对一周工作进行评估，这样我就能发现重新安排时间优先次序的机会。

我的行动方案：对我目前支配时间的方式完成审查后，确定我可以停止哪些任务，从而每周至少给我留出1小时的时间，让我开始学习一项新技能。

| "如果……那么……"序列语句 | |
|---|---|
| 我的时间权衡 | |
| 如果 | |
| 那么 | |
| 如果 | |
| 那么 | |
| 如果 | |
| 那么 | |
| 如果 | |
| 那么 | |
| 我的行动方案： | |

## 时间取舍

如果说权衡是为了改变你支配时间的方式，那么取舍则是为了提高你工作时间的质量。在下一节中，我们分享3种常见的时间流逝的类型：

1.未能找到自己的心流。

2.管理别人的"猴子"。

3.分心的事情阻挡了前进的道路。

每个人都经历过上面的每种时间流逝，不过，现在也许有一种特别明显的时间流逝发生在你身上。我们将依次探究时间流逝的类型，帮你确定该采取哪些行动方案，以提高工作质量。

先做最重要的事，绝不做次要的事。另一种选择是什么都不做。
——彼得·德鲁克
（Peter Drucker）

## 时间流失1：未能找到自己的心流

理解心流的概念并将其运用于工作中，可以提高创造力和劳动生产率，增加幸福指数。如果你知道心流是什么，并经常积极主动地寻找"心流"，就会提高在工作中投入时间的回报率。心理学家米哈里·契克森米哈赖（Mihaly Csikszentmihalyi）在他的《心流：当下的幸福》（*Flow:The Psychology of Optimal Experience*）一书中，将心流描述为人们心无旁骛地投入某项活动中的一种状态。这既是挑战，也是享受。人们得心应手，全神贯注，沉浸在自己正在做的事情中，以至于时间不知不觉地流逝。你的目标不是把所有时间都花在心流上，当然这也不现实，因为每天的工作对你有许多不同的要求。然而，如果你把所有时间都花在下面图表中描述的其他能量状态上，你将面临乏味、学习受限或压力重重的状态。

## 4种流动能量状态

意识不到时间的流逝

| 放任自流 | 心流 |
|---|---|
| 工作轻松 | 得心应手 |
| 成长有限 | 不可干扰 |
| 职业脆弱 | 工作质量高 |

低挑战 ⟷ 高挑战

| 乏味 | 成就 |
|---|---|
| 优势停滞 | 快速学习 |
| 出错的风险 | 难以维持 |
| 职业脆弱 | 导致压力重重、倦怠 |

意识到时间的流逝

### 我的能量状态

考虑一下你今天工作时的能量状态，并给每个状态赋值（1、2、3、4），看看你在哪里花的时间最多，在哪里花的时间最少（其中，1=用时最多，4=用时最少）。

放任自流 _____

乏味 _____

成就 _____

心流 _____

## 影响心流的因素

为了增加你在工作中花在心流上的时间，你需要关注以下3个方面：

1.滋养你的心流。

2.尽量减少心流的敌人。

3.找到你心流的朋友。

## 滋养你的心流

当你有一个明确的目标，做着具有挑战性的工作，经常收到反馈，对从事的工作有一种满足感时，你更有可能在工作中找到心流。通过采取行动，确保你在工作中的4种能量状态，你就能有意识地滋养你的心流。接下来，我们描述了一些有助于创造心流的条件，以及一些自我培训问题和行动理念，以帮助你找到更多的心流。

### 有意义的目标

从事一个你看重、对你而言重要的项目或任务。你知道你为什么在做你正在做的工作。

> **在接下来的3个月里,让我有动力奋斗的一个目标是什么?**

### 行动理念：让你的目标不被忽视

当一个项目或任务进度过半时，你很有可能把目标忽略了，这会减缓甚至停止你的心流。让目标留在脑海中的一个有效方法是使它无法被忽视。这意味着在你开始工作前，把目标写在你肯定能看到的地方。例如，写在笔记本每一页的顶部，或演示文稿的第一张幻灯片上。

### 具有挑战性的工作

你做工作时使用了技能，并拼尽全力。我们将这种类型的工作描述为感觉"可以做但很难"。

## 我怎样才能利用技能朝着目标前进？

### 行动理念：让大脑休息一会儿

有时，具有挑战性的工作会让人感到困难重重而无法完成。特别是在一个项目的初始阶段，你可能会因发现自己在艰难地挣扎着，感到万分沮丧，甚至可能考虑过放弃。虽然这种感觉与心流相反，不过，你大可不必过于紧张，因为这只是寻找心流的必经过程而已。到达这个阶段时，你只需稍微休息一会儿，进行适度的运动锻炼，例如散步，做些园艺工作，甚至呼吸练习。在进行这些活动过程中，你的大脑会释放一氧化氮，它可以缓解压力，营造一种平静的感觉，这通常会让你的心情好起来。给自己一个休息的机会，将增加你重返工作时找到心流的机会。

### 经常性的反馈

你会收到定期反馈，让你了解自己的工作进展情况。经常性的反馈，会使人们保持专注和富有激情。

> **我能向谁征求反馈意见，以便知道我行进在实现目标的正确轨道上？**

---

**行动理念：征求反馈意见时，问"什么进展顺利"和"甚至更好"的问题**

我们发现，向别人经常征求反馈意见最简单直接的方法之一，是问"什么进展顺利"和"甚至更好"的问题。例如，如果你和其他三个人一起做一个项目，那么在每周结束的时候，你们可以约定每个人都得为下周工作分享一个"甚至更好"的主意。你也可以向自己提出这些问题，以使自己实现持续改进。

**个人的自豪感**

出色地完成一项工作后，你会从中获得满足和享受，这是对你进步和一路所学的认可。

> **对我的目标而言，出色完成的工作是什么样的？**

---

**行动理念：骄傲贺卡**

为了认可你从一个项目或任务中学到的东西和取得的成就，制作个有形的物件是个不错的主意（我们大多数人仍然喜欢证书或奖章是有原因的）。骄傲贺卡就恰好满足了我们的需求，你可以在上面写上几个短句，回顾和庆祝你所取得的成功。如果你是团队一员，致力于一个共同的目标，你们甚至可以在实现目标时互致贺卡。我们在下面列举了一个简单的"骄傲贺卡"模板，你可以使用可画（Canva）平台，免费设计你自己的数字明信片模板，从而获得更多的创意。

骄傲贺卡

另外，有助于找到心流的方法还有要全神贯注、专心致志地做好工作。我们很快会谈到时间取舍的第三个方面，内容涵盖分心的原因，以及如何不让令你分心的事情阻挡你前进的道路。

## 尽量减少心流的敌人

你所处的环境在你寻找心流的过程中发挥着重要的作用。有些人觉得音乐能抚慰人心，而另一些人则觉得音乐会打断他们的注意力。有些人在凌乱不堪的环境中感觉更有创造力，而另一些人则需要一张干净的桌子。当你找到支持心流的环境时，你就能尽量减少心流的敌人，让它们不要妨碍自己。对每个人而言，心流的敌人各不相同。好好想想在哪里工作，以及如何创造一个支持心流的空间，这对你取得成功是至关重要的。

**什么样的工作环境能让我的心流达到最佳状态？**

**我怎样才能消除任何心流的敌人，让它们不要妨碍我？**

### 行动理念：评估能量 × 环境

用一周的时间，跟踪你工作中的能量和环境变化情况。你很容易就能做到这一点，只需在每项任务（无论是会议、谈话还是工作）结束后，花30秒时间记下你的能量是低、中还是高，以及你当时在什么地方。5天后，对你所有的高能量任务进行回顾，并回想一下完成这些任务时的周围环境。你可能会注意到，有一天你精力充沛的时间特别多，并且工作风格也与以往迥异。抑或你的高能量状态与你完成任务当天的具体时间点有关。你无须一直处于心流状态，但对于最重要的工作，你可以使用这种评估方法，确定怎样通过改变周围环境来支持心流。

## 找到你的心流朋友

寻找心流不只是一个人的努力。当你与分享你热情的其他人共事时，会产生相互依存的心流。实际上，与自己独自工作时产生的心流相比，相互依存的心流更能滋养你的心流循环。你可以从集体心流中获得比个人心流更多的享受和回报。你的心流朋友可以是你当前组织内或组织外的人，业余项目或志愿活动也不失为寻找心流朋友的好方法。

**我该与谁一起工作，他们分享我的热情，并致力于实现共同的目标？**

**我们该如何合作，才能增加产生心流的机会？**

### 行动理念：跟随你的兴趣，找到属于自己的群体

找到心流的朋友，可能听起来困难重重、令人生畏，特别是如果你像莎拉一样性格比较内向的话。但是，如果你从关注自己的兴趣开始，会发现与心流朋友共度时光的机会就会自然而然地出现。一些社区甚至为来自五湖四海、怀有同样激情的群体营造特定的时刻，让他们一起找到心流。例如，伦敦作家沙龙（London Writers' Salon）每天都有一个大家都能参加的写作时间，而叛逆图书俱乐部（Rebel Book Club）是一个人们互相帮助，在阅读和学习中找到心流的社区。

### 我怎样才能找到更多的心流

为了增加我花在心流上的时间，我将采取的一项行动是：

## 时间流逝2：管理别人的"猴子"

1974年，威廉·翁肯（William Oncken）和唐纳德·沃斯（Donald Wass）在《哈佛商业评论》（*Harvard Business Review*）上发表了一篇题为《时间管理：谁背上了"猴子"？》（*Management Time：Who's Got the Monkey?*）的文章，这篇文章后来成为《哈佛商业评论》最受欢迎的文章之一。"猴子"不是动物，而只是需要完成的一项工作。在日常工作中，每个人都随身携带着很多"猴子"。如果你除了自己的"猴子"，还得照顾别人的"猴子"，那么时间管理就面临着极大的挑战。出现这样的情况，可能是因为有人将他们的"猴子"委托给你，或者你自愿承担别人的任务，想帮别人的忙。这样做的最终结果是，你背负的"猴子"超过了你在可用时间内所能管理的数量。

下面，我们列举一些典型的"收养"猴子场景的案例，并给出了如何用一种不同的方式处理每种情况的建议。

| 管理你的"猴子" | | | |
|---|---|---|---|
| "猴子" | 收养"猴子" | 管理"猴子" | 自我培训问题 |
| 经理吩咐的需要在本周末完成的新工作 | "是的，我会完成的，没问题。"（暗示要工作到深夜） | "是的，我可以在这方面为你提供支持。在我开始之前，我们能否讨论一下我目前工作的优先事项，以便我们能够就何时完成最重要的工作达成一致？" | 我怎样与经理就我工作的优先事项达成一致？ |

续表

| 管理你的"猴子" | | | |
|---|---|---|---|
| "猴子" | 收养"猴子" | 管理"猴子" | 自我培训问题 |
| 有人请你帮助他们，因为他们陷入困境了，而且他们知道你之前做过这项任务 | "当然，我非常乐意效劳，我为什么不替你做呢？" | "当然，我会帮忙的。你能分享一下你们现在的进展情况吗？我们一起想想你接下来该做什么？" | 我怎样才能帮助别人去进行自助？ |
| 在一次会议上，要求有人自愿完成一项任务（有时会出现令人不安的沉默） | "我可以做——没问题！" | 有时一言不发也没关系——练练停顿的力量。或者，如果感觉与你现在的情况相比有了很大的飞跃，你不妨尝试着问："我很乐意做那项任务，但这也就意味着我不能……，我们能讨论一下哪件事情更重要吗？" | 放弃我的时间，我在妥协什么？ |

管理你的"猴子"：自我培训问题

对我来说，管理别人的"猴子"看上去像什么？

我经常管理别人的"猴子"吗？

我该采取什么行动，将我的精力更多地集中在管理自己的"猴子"上？

## 时间流逝3：分心的原因

现在，竞相吸引人们眼球的东西并不缺乏，如通知、即时信息、电子邮件和社交媒体等。由于它们会给人们带来短暂而急剧的多巴胺爆发，所以人们会被这些分心项吸引也就不足为奇了。不过，分心对人们产生的影响是很明显的。平均来看，它们每天要额外占用人们3个小时的时间。由于人们的大脑对环境切换的反应不佳，分心还会降低人们的工作质量。当你一边写报告，一边盯着通知，还自鸣得意地以为自己在进行多任务处理时，殊不知真相是你的大脑正快速地从一个活动切换到另一个活动。当大脑处于这种"紧张状态"时，你的劳动效率就会下降。

### 行动理念：找到干扰项

分心时，谁也没有办法把工作做到最好。不过，光明白这一点显然是不够的，因为这些坏习惯是很难放弃的。把让你分心的原因定义为坏习惯也许会更加有用，因为它会提醒你，这些是需要"放弃"的东西。下面，我们列出一些常见的让你分心的原因，请你看一下，然后在与你有关的选项上打钩。我们还留了一些空白，你也可以写下让你分心的其他原因。接下来，回答自我培训问题，并尽可能将其具体化——因此，与其说让你分心的是"社交媒体"，不如说"'瓦次普'的信息，可以等到以后再说"（莎拉就是这么干的）。

## 让你分心的原因

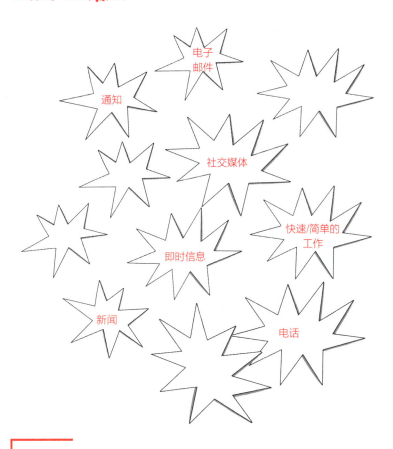

最让我分心的原因是什么？

_____

它是怎么让我分心的？

_____

克服让我分心的原因，会带来哪些益处？

_____

现在来考虑，如何给你的分心原因增加干扰项，使它们不再那么吸引人，让你难以注意到它们。例如，当你处理项目时，可以关闭通知、把手机放在另一个房间或退出电子邮箱，这样你就不会产生急切地想知道别处发生了什么的冲动了。

> **如何给我的分心原因增加干扰项，使它们不再那么吸引人，让我难以注意到它们？**

## 适合自己的工作和生活方式

到目前为止，通过本章的学习，你已提高了对你今天该如何支配时间的认识，并确定了行动方案，让你知道该把时间用在哪里，以及时间投资回报的有效性如何。在本节中，我们将重点讨论如何让你找到适合自己的工作和生活方式。我们在分享一些练习之前，先在下面列出一份清单，为你进行思维模式转换做好铺垫，即从对平衡工作和生活的不切实际的期望，转向从更加现实有效的视角来看待工作在人们今天生活中所扮演的角色。

**从：平衡工作和生活　到：适合自己的工作和生活方式**

| 完美的平衡 | → | 不完美的契合 |
| 鱼与熊掌兼得 | → | 现在最重要的 |
| 我应该做的 | → | 尽力就好 |
| 适合女性 | → | 适合所有人 |

## 网飞为你拍摄"工作-生活"纪录片

这是一种有趣的方式，可以回顾你此刻生活中的新闻提要，以及随着时间的推移，这些新闻提要是如何变化的。你可以想象一下，自从你开始职业生涯以来，网飞公司的一个摄制组一直对你进行跟踪拍摄，为你制作一个系列纪录片。你可以想一下：

- 到目前为止，网飞已经为你摄制多少个不同的系列了？
- 你会如何用一个词来对每个系列进行概括呢？
- 每个系列的新闻提要是什么？
- 下一个系列的"预告片"是什么？（作为观众，我会期待什么？）
- 你会如何描述适合自己的工作和生活方式呢？

我们下面以萨拉为例。

### 系列 1：假装

新闻提要：一袭黑衣，假装外向，参加很多无挡板篮球运动。

工作和生活的契合度：非常低/低/一般/好√/非常好/出色

### 系列 2：专注

新闻提要：搬到伦敦，做了很多工作并热爱工作，开始业余项目，参与志愿服务，全力以赴。

工作和生活的契合度：非常低/低/一般/好/非常好/出色√

### 系列 3（当前系列）：勇敢

新闻提要：裁员，组建家庭（艰难时期），与海伦一起开始创业（就在新冠肺炎疫情暴发之前）。

工作和生活的契合度：非常低/低/一般√/好/非常好/出色

### 系列 4（即将推出）：成长

新闻提要：成长中，照顾打理我的家庭和生意。

工作和生活的契合度：非常低/低/一般/好√/非常好/出色。

你可以使用下面的模板，创建属于自己的工作–生活纪录片。

### 我的"工作–生活"纪录片

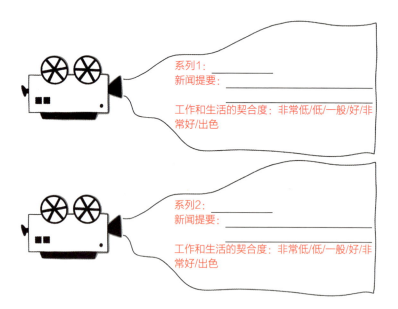

系列1：＿＿＿＿＿＿＿＿
新闻提要：＿＿＿＿＿＿＿＿

工作和生活的契合度：非常低/低/一般/好/非常好/出色

系列2：＿＿＿＿＿＿＿＿
新闻提要：＿＿＿＿＿＿＿＿

工作和生活的契合度：非常低/低/一般/好/非常好/出色

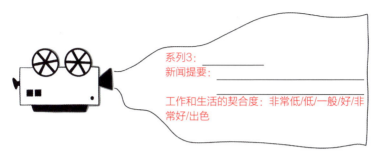

系列3：_____

新闻提要：_____

工作和生活的契合度：非常低/低/一般/好/非常好/出色

现在，根据纪录片的描述回答下列自我培训问题。

**我现在生活中最重要的事情是什么？**

_____

**在我生活的当前系列中，我在哪一集？是第一集还是准备进入下一集？**

_____

**当我工作和生活的契合度为"非常好"或"出色"时，我在什么方面做得很好？**

_____

我们希望通过创建工作-生活纪录片，让你拥有大局观，看清楚你工作和生活的契合度是如何随着时间的推移而变化的，而且是一直在变化的。

现在，你对自己目前工作和生活的契合度已经有了一个感性认识，接下来我们将探讨如何在今天、本周和未来的每一周进一步提高这种契合度。

## 把你的拼图拼起来

每个人都有属于自己的各不相同的拼图小块，人们正努力用适合自己的方式把它们拼在一起。花5分钟时间思考一下，你的拼图小块分别是什么，并在下面的图中把它们记下来（在图下面有一些示例）。

### 我的拼图小块

示例：孩子、工作、锻炼、朋友、伴侣、家庭、爱好、学习、个人项目。

我们建议你换个拼法，将目前对你来说最重要的小块优先拼在一起，而不总是把所有拼图小块都拼在一起。

认真考虑一下下面的每个自我培训问题：

**今天我需要把哪些拼图小块拼起来？**

这周我想把拼图拼成什么样?

_____

我的哪一个拼图小块似乎永远找不到合适的地方?

_____

对于找不到合适地方的拼图小块,我有哪些选项?

_____

我们把对拼图小块进行的这种不断重新排列的做法称为"不断校准"。这是我们俩一直在做的事情。我们每周都会在"瓦次普"上互问对方两个同样的问题,并以大拇指向上(赞)或大拇指向下(踩)的方式作答:

👍 👎 你对本周在工作中度过的时间感到满意吗?

👍 👎 你对工作和生活的契合度感到满意吗?

通过这种简单快捷的签到方式,让我们在第一时间就知道了彼此的工作生活状况。如果我们的答案中有大拇指向下(踩)的回答,我们就该问自己以下自我培训问题:

这周我在哪里感觉是在浪费时间,而不是投入时间?

_____

下周我怎样才能把投入工作的时间增加10%?

_____

下周我该做出哪项改变,从而提高工作和生活的契合度?

_____

## 工作和生活的冲突

　　当你开始将拼图小块拼在一起时，你可能会发现，对你工作和生活的契合度产生影响的那些因素，似乎超出了你的控制。这些因素可能会成为你在提高工作和生活的契合度过程中，面临的最大障碍。这些因素千差万别，也许是经理对你工作方式的期望，工作调动后增加了通勤时间，摊上紧急且"必做"的项目等。虽然你无法控制外部影响，但你可以指导自己识别因此造成的冲突，找到近期和中期选择方案。

　　自我培训问题：现在有哪些影响因素超出我的控制，正对我工作和生活的契合度产生负面影响？

　　　　1.＿＿＿＿＿＿＿＿＿＿＿＿＿＿＿＿＿＿＿＿＿＿＿

　　　　2.＿＿＿＿＿＿＿＿＿＿＿＿＿＿＿＿＿＿＿＿＿＿＿

　　　　3.＿＿＿＿＿＿＿＿＿＿＿＿＿＿＿＿＿＿＿＿＿＿＿

　　对于每一个影响因素，思考一下它会给你带来什么冲突。我们以莎拉曾经从事过的一个岗位为例来说明。当时，她被调动到离家更远的地方上班。她每天的通勤时间增加到两个小时，她还需要前往托儿所接送她蹒跚学步的孩子。通勤和蹒跚学步的孩子都是无法改变的事实，两者又互不兼容，这让莎拉感到压力重重。对海伦来说，公司新来了一位经理，给她的工作带来了大量的冲突。经理和她的风格截然不同，海伦觉得无法适应。随着时间的推移，她开始对自己的岗位感到万分沮丧，每天都垂头丧气。在最糟糕的情况下，这些冲突时刻让我们感到彷徨无助，郁郁寡欢。但是，一旦我们把这些冲突作为现实接受时（尽管我们可能不喜欢它），我们就可以接着寻找应对策略了。针对莎拉和她无法维持的通勤时间，可以考虑换种方式工作（换工作时间或地点，甚至岗位），并与经理、家人、朋友等讨论，看他们能提供什么帮助。而对海伦来说，由于与经理有分歧，她的应对策略包括与同事讨论和经理相处的经验和方法，把信息反馈给经理，以及考虑换个岗位。

考虑应对策略会让你感到，你可以渡过难关，而不是陷入困境。

你可以利用以下自我培训问题，想出应对策略：

**对我来说，好、更好和最好的结果分别是什么样的？**

好 _____

更好 _____

最好 _____

**我可以向之前与我经历过类似冲突的谁学习？**

_____

**为了向前迈出一步，我愿意做出哪些妥协或改变？**

_____

## 10种时间管理策略

在本章最后一节，我们分享了10种不同的策略，以帮助你管理工作时间。这些不是"标准答案"，而是你可以尝试的一些技巧，看看什么技巧对你有用。莎拉发现"思考清单"非常有用，而海伦则是2分钟原则的狂热粉丝。

### 1. 修行模式

这种行为会让你专注于一项特定任务，并屏蔽所有其他干扰因素。这是对自己完成工作的承诺，需要你消除任何可能影响你的、浪费时间的活动。当你想更深入地思考问题，或工作临近最后期限时，修行模式不失为一种优秀的策略。在日程簿中匀出两个小时的时间，来做你热衷但可能一直被推迟的事情。消除房间里所有的干扰因素，看看你能走多远。

### 2. 番茄工作法

番茄工作法允许你将大型项目分解为可操作的工作块。每个工作块被称为一个"番茄钟"，持续时间为25分钟。每个"番茄钟"之后会有5分钟的短暂休息时间，完成4个"番茄钟"后，休息30分钟。番茄工作法是20世纪80年代末由弗朗西斯科·西里洛（Francesco Cirillo）使用番茄形状的计时器创立的一种时间管理方法，已被证明可以帮助人们集中注意力并创造动力。你可以下载"番茄钟"应用程序，并让自己挑战完成一个完整的"番茄钟"周期，以期在工作项目上取得进展。

### 3. 思考清单

待办事项清单有助于记录要完成的工作，但它们更关注任务本身。思考清单会提醒你要思考的领域，以及要充分考虑的悬而未决的难题和面临的挑战。在人们日复一日地专注于完成工作的过程中，这些需要脑力的领域常常被遗忘或忽视。每周开始时，在你的待办事项清单旁边写一个思考清单，并确定你什么时候留出时间进行思考。

### 4. 黄金时间

人们一天中总会有那么几段时间，在这几段时间的工作效率要比其他时间高。有的人是早起的鸟儿，早晨精力充沛；有的人是夜猫子，晚上工作的效果最佳。在黄金时间，就要发挥出你天然的效率优势，做最有创造性和最重要的工作。这将帮助你朝着最重要的目标，不断取得进步。在日程簿上连续记录一周，看看你什么时候感到精力充沛且思路清晰。通过这种方法，就可以确定你的"黄金时间"，并在日程簿中为你质量要求最高的工作留出这段时间。

### 5. 劳动效率伙伴

我们发现，当有人要追究我们的责任时，我们更容易坚持原来的计划。拥有一个劳动效率伙伴，意味着让某个人知道你想要实现什么目标以及何时实现。有时，这可能意味着你与这个人肩并肩工作，也可能这个人只是在一天结束时给你发个短信，了解一下你的工作进展情况。劳动效率伙伴感觉应该是一个支持性的角色，而不是一个来挑刺的人。

### 6. 音乐思维模式

音乐已被证明有助于提高人们的注意力和增加心流。有研究表明，90%的人听音乐时的工作表现更佳，88%的员工听音乐时的工作质量会更高。音乐还可以缓解工作压力，因为它会刺激人们大脑分泌多巴胺，从而让人们感到更快乐。你可以创建自己的提升劳动效率的音乐播放列表，帮助你集中注意力，并在一天中找到一些空间，从而进入音乐思维模式。你还可以在"声田"（Spotify）和"油管"（YouTube）上搜索现成的培育思维模式的音乐播放列表。

### 7. 2分钟规则

大卫·艾伦（David Allen）因始创"搞定"理论（Getting Things Done，GTD）而闻名遐迩，GTD是一个拥有大量粉丝的时间管理系统，2005年曾被评价为"信息时代的新崇拜"。GTD的一个特点是2分钟规则，即可以在2分钟内完成的任务应该马上完成并尘封起来，而不是拖到下一天。这些2分钟的任务甚至不会出现在待办事项清单中，马上把它们完成就可以了，防止产生瓶颈。处理2分钟任务的最好方法，是在一个时间段内尽可能多地完成这些任务（因为你不希望它们把你一天的时间都扰乱）。你每天为这些任务分配10分钟时间，这样你每天可以完成5项任务。

### 8. 吞下青蛙

吞下青蛙意味着在你精力充沛的时候，先做最伤脑筋的工作。写下你目前需要处理的3只"青蛙"，在下周的日程簿中专门留出一个"吞下青蛙"的时段，先把最大的一只干掉。

## 9.时间保护（一种结合了任务管理和日程安排的管理方法）

时间保护是为活动留出特定的"时间块"，这样你就不会纠结一天时间该如何安排，接下来该干些什么。这样就减少了环境切换，让你集中精力、专心致志地投入工作。你可以更进一步，将你的"时间块"用于完成特定的任务。因此，除了将上午9—11点的时间安排个人工作，你还可以分配一个特定的任务，如撰写客户简报。你甚至可以在一周内选择一两天作为主题日，例如周一和周二可能是你的团队日和会议日，而周五可能是创造性工作日。

## 10.时间节省模板

人们经常发现自己从头开始创建相同的幻灯片，或通过电子邮件分享类似的信息更新。当人们创建可以重复使用的模板，从而加快响应速度时，就可以大大提升处理这些重复性任务的效率。这看起来可能是一个预先格式化的幻灯片，或是一封已有关键信息的电子邮件，你在点击"发送"按钮前，只需对邮件进行一下个性化处理就行。只要你发现有人反复要求你提供相同的信息，就等同于向你发出了创建时间节省模板就能搞定的信号。

## 在时间管理之外

如果你学习本章后进行了自我培训，也采取了尽可能多的行动，但自己仍对如何支配时间以及掌控工作和生活的契合度感到十分困惑，也许问题就不是出在时间身上。也许你所从事的工作不能发挥你的最大潜能，也许你的组织文化对你不利而非有利。如果你对此有同感，我们建议你接下来通过进步（第6章）和目的（第7章）来进行自我培训。这些章节将帮助你思考什么对你是最重要的，以及如何将其与你从事的工作有机结合起来。当然，你从本章学到的见解和想法也不会浪费，因为即使是微小的改变，也能帮助你在短期内感到更有掌控感。

## 向我们的专家——作家以及"忙碌之外"的播主格雷厄姆·奥尔科特（Graham Allcott）提问

提高工作效率在于你对什么说"不"，而不在于你对什么说"是"。如果你说的"不"从来不会让人感到不舒服或像是在打太极，那么你说的"不"还不够多。

培训问题：由于每天要开没完没了的会议，我根本没有办法完成工作。我不知道怎样才能摆脱会议的负担，由于我在对我很重要的工作上没有取得进展，我感到十分沮丧。我能做些什么来提高工作效率呢？

专家回答：许多人和组织会说"让我们安排一个会议吧"，因为说实话，这比说"我们做一个决定吧"容易多了。你不想参加替别人当智囊的会议，但这也事关平衡的问题：卓越的会议可能会改变世界，有时一起开会要比一盘散沙强多了。我把这说成是"会议的'阴'和'阳'"。"阴"是指合作，会议就提供了这么一个慷慨分享彼此关注的事情，进而进行反思、学习和倾听的空间。像这样的会议，对于保持团队成员间的相互协调至关重要，并有助于解决那些在单打独斗时无法解决的琐事。

但我们也需要"阳"，创造和行动，低下头来，做"真正的工作"。从你所提问题看，你极度渴望"阳"来"真正完成一些工作"，所以我将在这里重点讨论这个问题，并提供5个解决方案，由你根据组织文化和当时形势进行组合使用。

1.集体的解决方案。如果你有能力影响组织文化，就给每个人设定"节省5小时"的挑战：每个人必须通过削减现有会议，为组织节省5个小时（5个人开1小时的会议=5个工作小时）。每个人都要在下次团队会议上阐述他们的解决方案，并以此来促进关于削减会议的讨论。

2.榜样的解决方案。在你组织的每次会议中，都要包括目的声明（例如"在会议结束时，我们将要达到……"）、议程（包括时间分配）和你邀请每个与会者的理由摘要（"海伦，在议程的第3、4和5项上，我们真的需要你的营销头脑"，等等）。你的一言一行会被同事们看在眼里，这无形中也鼓励他们进行效仿。简洁来自清晰。

3.温和反击的解决方案。如果你没法对会议说不，你的原则应该是"看不到议程，就不参加会议"。为什么你还不知道真实情况，就得答应开会？我们这里提供的最佳实践版本是"看不到目的声明，就不参加会议"，这有助于弄清楚你是否非得参加会议。你也可以问一下，你是否可以客串一下。（在上述关于海伦的例子中，海伦可以说："我这周时间很紧，你介意等轮到与营销相关的议程事项时，我再过来开会吗？"）

4.隐蔽的解决方案。把你的日程表排得满满当当的，让会议难以插足。要把规则立起来。我的规则是，上午写作，下午开会。你的规则可能没有我的这么夸张，但重点是让你的日程表与你的意图一致。日程表最好看上去非常简单，但很难被别人忽视。如果你觉得同事在你的日程簿上看到"低头工作时间"这样的字眼会不以为然时，那么就把它改成"Project Magenta"这样隐蔽的内容。这听起来既神秘莫测又事关保密，还特别重要。他们就不打扰你了，让你解决"Project Magenta"这个问题。

5.顽皮小学生的解决方案。我们很多人都会定期参加会议，但并不一定觉得我们能为会议贡献多少价值。如果你没有资格质疑现状，那么就为自己设定一个秘密的"参加三分之一"的政策——不要完全置身事外，但也要为自己保留一些时间。

提高工作效率在于你对什么说"不"，而不在于你对什么说"是"。如果你说的"不"从来不会让人感到不舒服或像是在打太极，那么你说的"不"还不够多。

## 做自己的教练

你可以使用COACH工具，将自己对于本章内容的见解和思考整合在一起，从而用它们来解决某项你此刻正面临的职业生涯困难。花时间用COACH整理自己的想法，能帮助你进一步明确自己的行动，增加你的自信，并找出你需要的支持。

COACH

清晰 —— 你的自我培训挑战是什么？

选项 —— 你可以尝试哪些选项？

行动 —— 你准备采取什么行动？

信心 —— 你对上述行动有多少信心？

帮助 —— 你需要什么帮助来应对这一挑战？

# 总 结

| 时间：你如何控制工作时间。 |
| :---: |
| 我们只需决定，如何利用好上天赋予我们的时间。<br>——约翰·罗纳德·瑞尔·托尔金 |

<table>
<tr>
<td>

**为什么要进行自我培训**

让工作不再忙忙碌碌，并提高工作质量。

掌控工作在你生活中所扮演的角色，并找到适合自己的工作和生活方式。

</td>
<td>

**自我培训概念**

**任务**：时间分配比例——你怎么知道你是否把时间花在最要紧的工作上。

**分心原因**：妨碍你有效支配时间的事情。

**工作和生活的契合度**：本周如何将生命中最重要的部分拼在一起。

</td>
</tr>
</table>

| 培训工具 |
| :---: |

<table>
<tr>
<td>

时间权衡

如果我想在……上增加时间

那么我得在……上减少时间

</td>
<td>

管理你的猴子

我的猴子=我的优先事项

别人的猴子=分心

</td>
</tr>
</table>

**工作和生活的契合度**

系列：

新闻提要：

工作和生活的契合度：

即将推出：

续表

**自我培训问题**

1.我感觉对时间的控制感如何？

2.我最想在如何支配工作时间上做出什么改变？

3.我什么时候感觉到自己全神贯注地沉浸在工作中？

4.是什么妨碍我把工作做到最好？

5.对我来说，好好度过一周是什么样的？

所有你乐于挥霍的时间，都不能算作浪费。

——约翰·列侬

（John Lennon）

# 第4章

# 自信

## CHAPTER 4

永远记住，你比你相信的更勇敢，比你看上去的更强大，比你认为的更聪明。
——克里斯托弗·罗宾（ChrisTopher Robin）

## 你如何建立助你成功的信念

### 自信：为什么要进行自我培训

1.每个人都有自我怀疑的经历，它可能会导致人们在工作中产生某种"还不够好"的感觉。当人们理解这种自己怀疑，而不是刻意回避时，人们就能更好地应对负面情绪，重建自信，不畏阻挠。

2.人们要不断地应对变化，学习新技能，做到与时俱进。不确定性的确会让人感到不安，很多时候人们对外界发生的事情无能为力，但人们能做的是建立积极的信念，帮助自己在工作中取得成功。

### 把自我怀疑当成数据

每个人都有自我怀疑的经历，这是大脑在保护人们免受潜在陷阱和问题的影响。逃避或否认这些怀疑对人们有害无益，只会把它们进一步放大。心理学家苏珊·大卫（Susan David）建议，与其对自己的怀疑视而不见，倒不如把它

我已经写了11本书，但每次我都会想："我和每个人都玩了一个游戏，他们会发现我的。"
——玛雅·安吉罗
（Maya Angelou）

们当成数据来使用。通过认识和承认自己的情绪，人们把自己置

于一个更好的位置，有助于了解恐惧可能会如何妨碍自己。大卫建议，人们应该把自己的怀疑视为"对我们所关心的事情的闪光灯"。她从事的研究表明，情绪灵敏度（Emotional Agility）能帮助人们从自我怀疑转变为自信。情绪灵敏度是指人们认识到自己的情绪，并选择建立自己的信念进行反应和应对，而不是让怀疑驱使人们的行动。

## 比较的诅咒

职业比较是人们司空见惯的，并会导致人们产生"还不够好"的感觉。Bumble Bizz（类似领英的一款应用）的一项调查显示，86%的人会拿自己的职业道路与别人进行比较。当人们根据对周围人的观察，来判断自己收入的高低，自己有多么"成功"，自己的影

永远做一流的自己，而不是二流的别人。
——朱迪·加兰
（Judy Garland）

响力有多大时，职业比较就会悄然而至。经济学家安格斯·迪顿（Angus Deaton）和心理学家丹尼尔·卡尼曼（Daniel Kahneman）在2010年的一项研究发现，影响人们生活满意度的是人们自己与朋友间的收入比较结果，而不是人们实际收入的多少。人们经常发现自己不知不觉地创建了一套评判职业成功的标准，这让人们不可避免地陷入自我怀疑，因为总有人比我们"领先一步"。

## 什么是信念

信念是人们认识世界的方式，是大脑节能的捷径。人们用信

念来预测什么将要发生，理解事物之间的相互关系。无论是创建新信念，还是挑战现有的信念，都是非常困难的。当人们接收到新信息时，人们的默认做法是找到一种方法，将刚学到的知识融入头脑现有的信念框架中。例如，如果你有一个听起来像"我还不够聪明"的消极信念，当你求职失败时，你内心的声音可能会告诉你："我知道我还不够聪明，无法胜任那份工作，这也与我的观点不谋而合。"反过来，如果你有一个积极的信念，听起来像"我一直在学习和改进"，

信念是我们诠释世界的一种心理架构。

——彼得·哈利根（Peter Halligan）

那么当你求职失败时，你就会问自己："下次我怎样才能表现更好？"人们的信念既可能对自己有利，也可能对自己不利；人们对自己既有积极信念，又有消极信念。

## 自信是一种技能

自信是一种技能，它不是某种固定的东西，人们都有能力学习如何建立自己的信念。自信是"看不见的"，但你可以从自己的行动和行为中注意到它的存在。它看起来像在你的职业生涯中做出雄心勃勃和勇猛果敢的抉择；它看起来像当事情没有按计划进行，在质疑时刻做出的积极反应；它看起来像在实现自己

你只会实现你认为自己能做到的事情。让自己相信可能还会做到更多。

——露西·戈萨奇（Lucy Gossage）

的目标。自信也会在不显眼处显露出来：有信心对不切实际的最后期限说"不"，或向你的经理提出不同的观点，或支持同事挑战现状。

## 自信之源

心理学家阿尔伯特·班杜拉（Albert Bandura）是促进人们对自信理解的研究先驱之一。班杜拉发现，尽管有些信念是在童年时建立的，但人们一生都在不断地进化我们的信念。他确定了自我效能（一个人在特定情况下有能力取得成功的信念）的四个重要来源：

1.精通：成功地做一件事会建立人们的信念。

2.模仿：看到与自己相似的人取得了成功，会让人们相信自己也能做到。

3.鼓励：人们信任你并给予你积极的反馈。

4.困难：以乐观的心态来应对具有挑战性的情况和任务，而不是倍感压力。

班杜拉发现，自信感强烈的人对他们的活动更感兴趣，也更投入，并能从挫折中迅速恢复过来。对这些人来说，困难和挫败并不意味着失败；相反，他们会继续努力，寻找战胜挑战的新方法。

> 自信是指清楚地、自我同情地看待自己和自己的处境。

自信并不是说面对工作中的失误或事业上的"低谷"，你还是永无休止地或不切实际地肯定自己。自信并不能保证你一帆风顺地取得成功〔听听伊丽莎白·戴（Elizabeth Day）在她优秀的"如何失败"播客中，对她最"成功"嘉宾的采访，就知道这是真的〕。海蒂·格兰特（Heidi Grant）的研究表明，对自己的缺点进行自我同情的人，最有可能改善他们的绩效。自我同情的人愿意以仁慈和理解的态度来看待自己的失败。当你犯错或事情不按计划进行时，你能够清醒地、客观地看待这种情况。你不会苛责自己（因为你认识到人无完人），也不会为了维护自己而觉得有必要提醒别人你以前取得的成功（放下自我）。这并不是让你摆脱责任，而是让你看清现状，并挑战自己、持续改进，寻找更好的方法。塞雷纳·陈（Serena Chen）发现，自我同情不仅能改善人们的绩效，还能增加人们的乐观情绪和整体幸福感。

> 即使是最"成功"的人也会有自我怀疑的经历。

在我们讨论思维陷阱和积极提示之前，先分享一个来自体育界的小故事，旨在说明如果我们自信满满的话，个人生活和职业生涯会有多少可能性。在播客"人生哲学：来自体育及体育之外"节目中，肿瘤医生和铁人三项运动员露西·戈萨奇将自己描述为一个理性、逻辑严谨的人，但对自己却有不理性的想法。受自我怀疑情绪的影响，她甚至会在比赛中放慢速度，让她认为"比她更好"的人超过她。她分享了在她的一个朋友，也是一名运动心理学家朋友的温柔劝说下，她如何开始进行自我对话，像严酷地锻炼身体一样锻炼自己的大脑。这对她生活的各个方面都产生了积极的影响，不仅让她在比赛中获胜（她曾14次获得铁人三项冠军），而且使她有信心减少工作负担，她不再当全职医生，而是变成了兼职，这样她就有能力从事慈善事业，培养个人爱好了。

## 思维陷阱和积极提示

思维陷阱能够有效地对头脑中的某些假设进行识别，防止它们在培训过程中对你的开放和乐观态度造成干扰。

- 我担心增加自信后，别人会觉得我傲慢无礼。
- 自信看上去不像我能学会的东西。
- 我只有通过取得成功才能建立信念。
- 我太故步自封了，不敢挑战自己的信念。
- 不管我如何建立自己的信念，工作中的事情似乎永远不会遂我心愿。

对上述思维陷阱进行表达上的重构，使之成为积极提示，这样你就能在自我培训的过程中对自己的假设进行解锁，并获得探索新选项以及可能性的能力。

从：我担心增加自信后，别人会觉得我傲慢无礼。
到：我会如何描述我钦佩的有强烈自信的人呢？

从：自信看上去不像我能学会的东西。
到：过去是什么让我感到自信呢？

从：我只有通过取得成功才能建立信念。

到：我从过去的工作错误中得到了哪些教训？

从：我太故步自封了，不敢挑战自己的信念。

到：向我的负面信念发起挑战，会带来哪些益处呢？

从：不管我如何建立自己的信念，工作中的事情似乎永远不会遂我心愿。

到：在过去的一年中，工作中最让我骄傲的三件事是什么？

**我的自信思维陷阱**

**我的自信积极提示**

## 如何建立自信

我们将在本章下一节，向你介绍建立自信的方法。我们将从每天如何建立自己的信念以及遇到挫折时如何应对两个方面，支持你进行自我培训。

在第一部分，我们将讨论：

怎样根据你的所思、所言和所行，来了解你目前的自信水平。

&gt;　怎样采取能够建立信念的行动，包括从受限镜片换成无限镜片，敢于说"不"，以及在勇气区花更多的时间。

在第二部分，我们将重点讨论：

&gt;　怎样让挫折故事和面临挫折时的 7 个自我培训问题，成为应对每一个职业生涯挑战的有效技巧。

&gt;　如果你遇到了常见的职业挫折，如裁员、不适应、负面反馈以及事情不按计划进行等，如何进行自我培训。

本章以两位专家的建议收尾。一位专家是《为什么丢掉工作可能是你生命中最美好的事》（*Why Losing Your Job Could be the Best Thing That Ever Happened to You*）的作者埃莉诺·特韦德尔（Eleanor Tweddell），她为遭受裁员的人提供了实用的想法和行动。另一位专家是前文提到的伊丽莎白·乌维比纳内，她分享了克服冒充者综合征（Impostor syndrome）①的智慧箴言。

## 自信的基石

自信是一个很大的题目，涉及很多不同的维度，因此要知道如何着手增加自信是很难的。我们设计了下面的练习，这样你就

---

① 冒充者综合征是指个体按照客观标准评价为已经获得了成功或取得成就，自己却认为这是不可能的，认为自己在欺骗他人，并且害怕被他人发现此欺骗行为的一种现象。——编者注

可以了解自己在哪些方面已经有了积极的信念，并确定你要努力解决的自我怀疑领域。我们认为这是一堵自信之墙：你垒的砖头越多，你的信念就越强。

你可以通过反思在工作中的所思、所言和所行，来提高你对自己今天的自信究竟有多强的认识。

第1步：回答下面的9个问题，看看A项或B项哪个最符合你的情况，然后在上面画圈。

第2步：针对每一个问题，如果选A的话，就在信念墙上相应编号的砖块上涂上阴影。如果选B的话，则不要涂上阴影。

## 你的自信基石

第1题
A：你认为自己有能力把工作做好。
B：你经常认为自己在某些方面还不够好。

第2题
A：你相信自己对自己的看法。
B：你担心别人对你的看法。

第3题
A：你思考自己的优势以及如何使它们变得更强。
B：你思考你的劣势和你犯下的错误。

第4题
A：你说"我能"比说"我不能"要多。
B：你说"我不能"比说"我能"要多。

第5题
A: 你对别人对你的赞美说谢谢，并为你做出的改变而感到高兴。
B: 你对别人对你的赞美不予理会，认为毫无真实性可言，或者只是人们的善意而已。

第6题
A: 需要时，你会说"不"。
B: 当你想说"不"的时候，却说成"是"。

第7题
A: 你与增加你信念的人待在一起。
B: 你与让你对自己感觉更糟的人待在一起。

第8题
A: 你分享并庆祝自己的成功。
B: 你发现很难知道你对工作产生的影响。

第9题
A: 你把一些时间花在做你以前从未做过的任务上。
B: 你把大部分时间花在做你熟悉的任务上。

## 你的信念墙

| 所行 | 7 | | 8 | | 9 | |
|---|---|---|---|---|---|---|
| 所言 | | 4 | | 5 | | 6 |
| 所思 | 1 | | 2 | | 3 | |

在你的信念墙上，既有涂上阴影的砖块，也有未涂阴影的砖块。涂上阴影的砖块代表你在这些方面对自己有积极的信念。虽然你在这些方面已经有了良好的基础，但仍需从这里开始，继续

努力建立这些信念。未涂阴影的砖块代表负面信念可能会在这里阻碍你，我们建议你要优先在这些领域进行改进。

在我们讨论行动方案前，请花几分钟时间来思考以下3个自我培训问题。

**我在我的信念基石中发现了什么趋势或主题（例如，你的大部分差距是在所思、所言还是所行领域？）？**

**我在哪方面已经做得很好，帮助我建立了自己的信念?**

**在我的自信基石中的哪些差距，是我自信的最大障碍?**

没有人的自信墙是完美无缺的，随着时间的推移，你的自信墙也会发生改变。自信是需要不断投资的，这样你才能在工作中展露出自己最佳的一面。

> 事实证明，你必须一次又一次地信任自己。这太酷了。
> ——阿什利·C.福特（Aahley C.Ford）

我们将在下一节帮助你指导自己采取积极行动，在所思、所言和所行的每个领域建立你的信念。

## 所思

我们在对本章的介绍中就提到，改变、挑战或重建自己的信念是很难的。当人们在工作中形成一种消极信念时，无论它是真是假，都会与自己相伴一生。这些信念会在很多方面限制人们，会限制人们的学习、人们的选择、人们的好奇心、人们的适应性和人们尝试的意愿。要想使自己的职业生涯取得成功，这些都是必备的行为。没有这些行为，人们就没有能力应对变故。从理性角度看，人们通常认识到这些信念阻碍了自己，但它们太根深蒂固了，若欲改变一贯的行为，连想一想都会感到难上加难和令人生畏。

### 你的受限镜片

受限镜片会影响人们对周围世界的感知。它们扭曲了现实，让人们对自己能做什么和不能做什么产生消极的信念。请看我们在下面列出的不同的受限镜片的例子。其中有你熟悉的吗？每副受限镜片都会产生一套消极信念，我们分享了一些例子，阐述每副镜片可能会怎样影响你的想法，以及它会如何阻碍你。

| 受限镜片 | | |
| --- | --- | --- |
| 受限镜片 | 你可能会想什么 | 它可能怎样妨碍你 |
| 黑白分明 | 如果我没有按照事先设定的方式取得成功，我就是个失败者 | 随着时间的推移，你会降低自己的野心，去追求容易实现的目标 |

续表

| 受限镜片 | | |
|---|---|---|
| 受限镜片 | 你可能会想什么 | 它可能怎样妨碍你 |
| 小题大做 | 工作中的一切都出错了。这是一场彻头彻尾的灾难 | 你把错误放大了，把注意力放在问题上，而不是放在寻找解决方案上 |
| 固定未来 | 它以前就对我不管用，所以也没必要再试了 | 你停止探索进步的机会 |
| 妄自菲薄 | 我不如我的同事，别人会发现的 | 你既不会主动分享意见，也不会提出问题，你会降低自己的影响力 |
| 我最常戴的受限镜片是： | | |

根据上面的练习，现在思考一下以下自我培训问题：

**我在工作中对自己产生的消极信念听起来像什么（例如，我的经验还不够，无法取得进步）？**

**我的消极信念什么时候阻碍了我的工作（例如，我没有申请感兴趣的工作）？**

## 把受限镜片换成无限镜片

为了挑战你的所思领域，你需要更换看待自己世界的镜片。

当你更换镜片时，就会改变对你是谁以及你能实现什么的信念。戴上崭新的无限镜片后，你会对现状发起挑战，并开始以全新的方式看待世界。你将消极信念转变为积极信念，你会在下面的表格中看到这个转变过程。

| 把受限镜片换成无限镜片 | | |
| --- | --- | --- |
| 受限镜片 | 无限镜片 | 它是如何推动你前进的 |
| 黑白分明 | 灰色阴影 | 如果原计划没有按事先设定的方式取得进展，你还能探索其他选项 |
| 小题大做 | 方案显现 | 你承认人人都会犯错，感到失望也很自然，但你知道最重要的是学习和向前迈进 |
| 固定未来 | 灵活未来 | 你定期讨论自己感兴趣的职业，建立自己的职业社区，并拓宽取得进步的可能性的广度 |
| 妄自菲薄 | 自信满满 | 你主动承担感兴趣的新项目，因为你对自己的优势和能为项目带来的价值充满信心 |
| 我将要试戴的无限镜片是： | | |

## 改变我们的信念

当你把受限镜片换成无限镜片时，你就可以开始改变自己的信念了。你可以指导自己发现并停止心中的消极信念，创造一个更为积极的信念。我们在下面分享了一些常见的消极信念的例子，以及如果你换了镜片，消极信念是如何变成积极信念的。我们还预留了几个空白的思考泡泡，你可以在里面添加自己的想法。

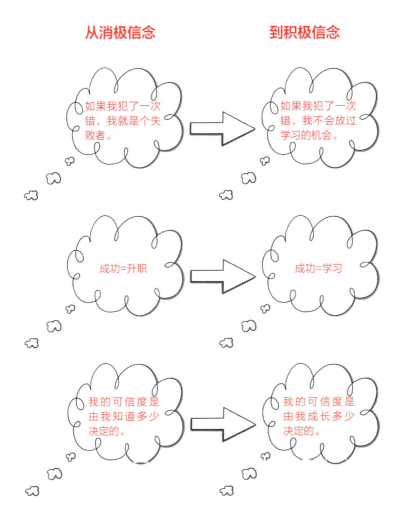

**从消极信念**　　　　　　　　**到积极信念**

如果我犯了一次错，我就是个失败者。 → 如果我犯了一次错，我不会放过学习的机会。

成功=升职 → 成功=学习

我的可信度是由我知道多少决定的。 → 我的可信度是由我成长多少决定的。

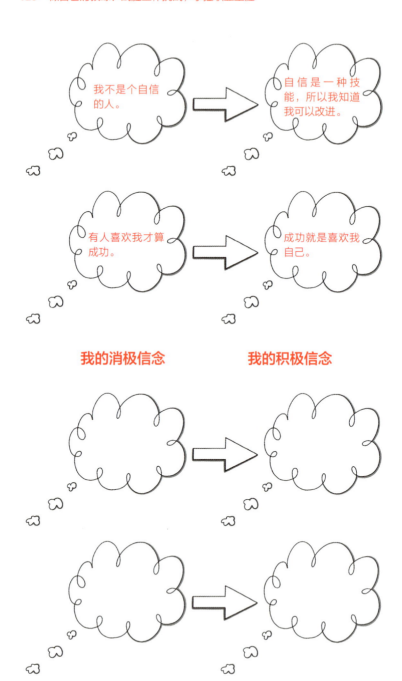

我不是个自信的人。 → 自信是一种技能，所以我知道我可以改进。

有人喜欢我才算成功。 → 成功就是喜欢我自己。

**我的消极信念**　　　　**我的积极信念**

　　你现在可以用下面的图，把你从上面练习中得到的见解汇总起来。这个简单的快照是一个有用的工具，每当你与自己的消极想法和信念做斗争时，你就该坚持使用这个工具。

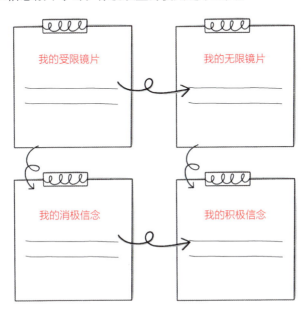

## 所言

### 自我对话

　　每个人的内心都有一个声音，陪伴着自己一起过日子。这种内心的声音，或自我对话，将人们有意识和无意识的想法、信念和偏见进行结

不要成为负面自我对话的受害者——记住，你在听。
——鲍勃·普罗克特（Bob Proctor）

合后，为人们的大脑提供了一种解释和处理人们经验的方式。伊桑·克洛斯（Ethan Kross）在他的优秀作品《强大内心的自我对话习惯》（*Chatter*）中，将人们内心的声音生动描述成"既是有用的超级力量，又是会伤害我们的破坏性氪石"。这也就是我们在第1章"自我培训方式"中描述的内心教练和内心的批评家概念之间的区别。

### 行动理念：第一人称与置身事外的观察者

这种培训技巧可以帮助你以客观的方式看待挑战。距离会改变人们的自我谈话，正如克洛斯指出的那样，"这并不能解决我们的问题，但增加了我们解决问题的可能性。它使我们的言语流变得更加清晰。"下次你在工作周中遭遇不顺时，花5分钟时间用第一人称审视你的状况，然后作为置身事外的观察者，看看它对你的自信水平有什么影响。我们分享了一个实践案例，同时留出空白让你填写自己的案例。

### 案例

你感到内心的批评家悄然而至的经历/状况：

在一次会议上，经理不同意我对一个新项目的建议。

以第一人称进行的自我对话：

这都是我的错，我对自己很失望。我还不够聪明，无法胜任这份工作，我是个失败者。

以置身事外的观察者进行的自我对话：

在团队会议上，莎拉的经理同意她的想法，但考虑到团队的其他优先事项，经理感到现在还不是推进这个项目的合适时机。团队的其他成员也对莎拉的想法表示支持，尤其对概念A非常感兴趣。

**第一人称与置身事外的观察者的自我对话：**

**描述一下最近内心的批评家占据上风的一次工作经历：**

_____

**以第一人称进行的自我对话听起来像：**

_____

**以置身事外的观察者进行的自我对话听起来像：**

_____

### 行动理念：说出你的名字

当你和自己对话时，使用自己的名字已被证明是一个快速和简单的方法，可以让你从自我怀疑变成自信。它帮助我们把压力当成挑战，让你的成长型思维模式"我能"掌控大局，让固定型思维模式"我不能"让位。另一种建立信念的自我对话方法，是做一个更小的改变：把说"我"改成说"你"。克洛斯在他的研究中发现，当人们用"你"和自己对话时，人们就不只是重温负面情绪和经历，而是从中得到学习和处理能力的极大提高。我们在下表列出了这些技巧在实践中的使用案例。

| | 自我怀疑 | 自信 |
|---|---|---|
| 说出自己的名字 | 这是个充满挑战的机会——我不确定我能否做到 | 海伦，这是个令人兴奋的机会——你能做到 |
| 说"你"而不是说"我" | 我在那次演讲中表现不好，我一直在想我犯的所有错误 | 当事情不按计划进行时，你能学到很多东西。例如，你可以看到为什么不要一下分享太多的数据，因为这可能会让听众感到无所适从 |

为了体验自我对话方式的转变，从而建立你的信念，请回答以下3个自我培训问题：

**现在工作中有什么让我倍感压力？**

例如：项目太多，时间不够。

**我脑海中的负面自我对话听起来像什么？**

例如：我担心什么工作都没有做好。

**如果我说出我的名字，说"你"而不是说"我"，那么自我对话会有何不同呢？**

例如：海伦，你以前管理过很多项目，你还能再做一次。你热爱工作，在工作中会显露出那种激情。继续保持……

## 敢于说"不"

大多数人都乐于助人，不太好意思对别人说"不"。在本想说"不"却说成"是"的情况下，人们做出的这种行为通常是受某种恐惧驱动的。人们担心经理会认为我们能力不够，担心有

只有敢于说"不"，你才能专注于真正重要的事情。
——史蒂夫·乔布斯
（Steve Jobs）

人会认为自己的工作不出色，担心有人会对自己说三道四。然而，敢于说"不"有助于人们在两个重要方面建立信念：

1.对一些事情说"不"，使人们可以对更多能发挥优势的机会说"是"，这反过来又增强了信念，增加了成功机会。

2.说"不"可以减少压力，降低职业倦怠风险，使人们有更多的能力，以乐观和"我行"的态度应对挑战。

在我们探讨一些关于如何说"不"的实际行动理念之前，请考虑以下自我培训问题：

我什么时候明明想说"不"，却偏偏说成了"是"？

我明明想说"不"，为什么会偏偏说成了"是"？

我什么时候对别人说"不"时感到很自信？

过去是什么让我敢于说"不"呢？

### 行动理念：你需要说"不"

　　为了练习在需要的时候说"不"，掌握一些你觉得说起来很舒服、可以开始尝试的万用反应是很有用的。下面的"是"或"不"场景你是否感到似曾相识，根据"是"或"不"反应来确定说"是"或"不"可能对你的影响是什么。

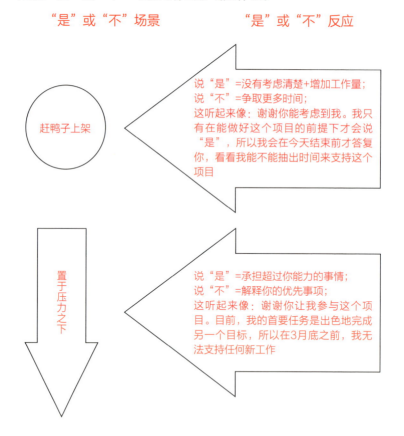

"是"或"不"场景　　　　　　　"是"或"不"反应

赶鸭子上架

说"是"=没有考虑清楚+增加工作量；
说"不"=争取更多时间；
这听起来像：谢谢你能考虑到我。我只有在能做好这个项目的前提下才会说"是"，所以我会在今天结束前才答复你，看看我能不能抽出时间来支持这个项目

置于压力之下

说"是"=承担超过你能力的事情；
说"不"=解释你的优先事项；
这听起来像：谢谢你让我参与这个项目。目前，我的首要任务是出色地完成另一个目标，所以在3月底之前，我无法支持任何新工作

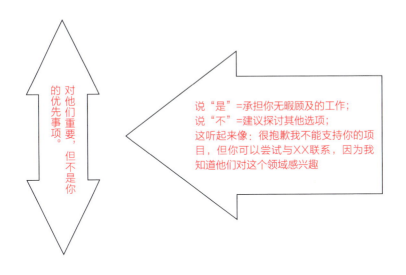

说"是"=承担你无暇顾及的工作；
说"不"=建议探讨其他选项；
这听起来像：很抱歉我不能支持你的项目，但你可以尝试与XX联系，因为我知道他们对这个领域感兴趣

对他们重要，但不是你的优先事项。

## 所行

### 创建你的勇气区

当你对工作感到得心应手和"不大会错"的时候，你就进入舒适区了。这通常意味着，你可以快速高效地推进工作，同时能恢复精力，为难度更大的工作做好准备。在舒适区逗留并不是件坏事，但如果把大量时间都花在这里，就意味着你甘愿冒原地不动的风险，也不愿充分发挥自己的潜力。当你

你有权选择做什么不做什么，信任什么不信任什么。你有权策划自己的生活和观点。
——嘎嘎小姐（Lady Gaga）

对工作感到畏惧，甚至在某种程度上感到"恐怖"的时候，你就进入勇气区了。如果你以正确的方式创建勇气区，它将帮你建立信念。因为你将对自己能力的假设进行测试，你会发现，通过充分挖掘潜力，你能做的比你自己认为应该的要多得多。

## 我的舒适区与勇气区

下面的甜甜圈图代表你的工作周，用阴影表示你目前平均每周花在勇气区的时间占比。

例如：

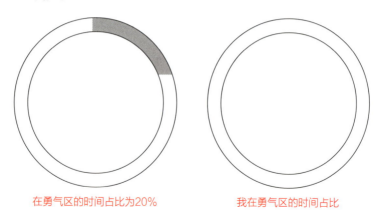

在勇气区的时间占比为20%　　　　我在勇气区的时间占比

## 恐怖的场景

舒适区和勇气区是个性化的，要想在勇气区花更多的时间，你需要具体了解你的勇气区是什么样子。先写下你在工作中遇到的3个"恐怖场景"。这些场景是你觉得自己无法胜任的任务，或是在某种程度上遥不可及的任务。

## 我的恐怖场景

1._____

2._____

3._____

对于每个恐怖场景，写下令你自我怀疑的任务的恐惧因素。可能每个场景都有不同的恐惧因素，或者同一个恐惧因素会使每项任务都令人感到不寒而栗。

## 我的恐惧因素

1._____

2._____

3._____

人们的恐惧通常是由每个恐怖场景结果的不可预测性驱动的。换句话说，是对未知和失败的恐惧。你的恐怖情景可能是以前尝试过但感觉不顺利的事情，也可能是一个新情景，因此你没有任何数据（除了你的怀疑）来帮助你算出成功的机会。把更多的时间花在勇气区，意味着你需要做两件事：识别机会，对你以前可能说"不"的任务改说"是"。谈到勇气区的时候，把自己更多地想成是乌龟而不是兔子。你不想直接冲向你能想象到的最恐怖的任务，因为这有可能会让你感到太过畏惧，或者你会在路上裹足不前。相反，你应该把自己能掌控的一个小行动，纳入你的勇气区。在这个阶段，最重要的是跨过起跑线，而不是去赢得比赛（记住，不管怎样，最终乌龟赢了比赛）。

## 让你开始的小行动（把自己更多地想象成乌龟）

对每一个让你感到恐怖的场景，写下一个让你开始的小行动。

1.＿＿＿＿＿＿＿＿＿＿＿＿＿＿＿＿＿＿＿＿＿＿＿＿＿＿

2.＿＿＿＿＿＿＿＿＿＿＿＿＿＿＿＿＿＿＿＿＿＿＿＿＿＿

3.＿＿＿＿＿＿＿＿＿＿＿＿＿＿＿＿＿＿＿＿＿＿＿＿＿＿

最后，与别人分享你的恐怖场景会带来两方面的好处。第一个好处是，大声说出自己的恐怖场景，可以把它们从想法变成能够付诸实施的行动。第二个好处是，倾听你分享的人也能代表你发现机会，并支持我们一路前行。为了完成这个练习，针对每个恐怖场景，请写下你可以与之分享的那个人的名字，并记下你打算与之谈话的时间。因为把时间和地点确定后，会给我们一个额外的推动力来完成谈话。

### 说出我们的恐怖场景

1.姓名＿＿＿＿＿＿＿时间＿＿＿＿＿＿

2.姓名＿＿＿＿＿＿＿时间＿＿＿＿＿＿

3.姓名＿＿＿＿＿＿＿时间＿＿＿＿＿＿

### 行动理念：短暂的不适时刻

《闯入不适区》（*The Discomfort Zone*）的作者法拉·斯图尔（Farrah Storr）提出了这一概念。斯图尔说，我们假设在勇气区度过的时间会充满恐惧，但现实是，我们会经历短暂的不适时刻。她说，可以把短暂的不适时刻想象成高强度的健身训练：我们经受短暂而剧烈的冲击，但能带来巨大的收获。当我们了解短暂的不适时刻时，我们就能准备得更好，并在它们出现时，学会如何识别和应对。

进行自我培训时，需要考虑的几个关于短暂的不适时刻的问题：

## 本周工作中我可能会遇到哪些短暂的不适时刻？

例如：我得在团队会议上做一个演讲，我很害怕公开演讲。

## 在我的行动中，一次短暂的不适时刻是怎样出现的呢？

例如：我可能会结巴或忘记我打算说什么。

## 当我遇到短暂的不适时刻时，什么可以帮助我？

例如：展现出自己的脆弱面，告诉大家做演讲让你神经紧绷。提醒自己，我的团队都在我身边，10分钟后，一切都会结束！

## 自信的挫折

我们现在要重点关注如何通过挫折来进行自我培训。在此过程中，将不可避免地涉及自我怀疑。我们已分享了一个培训工具和一系列自我培训问题，希望对一系列具有挑战性的职业经历有所帮助。然后，我们以"自信手术"结束本章。针对常见的艰难时刻，包括感到不适应、裁员、收到负面反馈以及事情不按计划进行，我们提出了一些具体的行动理念建议。

## 挫折的故事

　　当人们遇到挫折时，人们讲给自己的故事在重建信念或加倍怀疑方面发挥着重要作用。挫折让人们的自我怀疑浮出水面，怂恿人们放弃、停止尝试和降低野心。正如我们在本章开头讨论的那样，对待怀疑，既不能回避也不能忽视，更别指望它们会凭空消失，

为了生存，我们讲述自己的故事。
——琼·狄迪恩
（Joan Didion）

我们应该将它们当成数据来使用。挫折故事是一种有用的自我培训技巧，因为它既能帮助我们建立信念，同时又能提高人们的自我意识。多年来，心理学家詹姆斯·W.彭尼贝克（James W.Pennebaker）一直重点研究表达性写作的好处。他发现，把自己艰难的经历书写下来，会让人们感受好一点，加深对自己的了解，而且，就像我们在本章前面描述的一些自我对话的想法一样，可以与自己宁愿没有看到的现实产生有益的距离。下面的练习将支持你写下自己的挫折故事。我们附上了莎拉职业生涯早期的一个真实事件，来说明挫折故事在实践中的具体应用。

　　标题：标题是故事的起点。它让读者了解你的故事是讲什么的，并让人们产生继续阅读下去的兴趣。标题可以简短明了，例如"放弃数字"；也可以让人们感到好奇，例如"割草机不能给我下定义"。

　　主角：就是你。向人们介绍你是谁，不能光介绍个工作头衔

就草草了事。例如，我是个内向的人，喜欢巨大的黄色便利贴；我的包里总有一本书，头脑中总有一条妙计。

险境：故事都是曲折的。写几句话，描述一下你经历的挫折。可能其中既有既定事实，又掺杂着感情因素。例如，我想升职，全力以赴地做好准备（甚至在浴室镜子前练习我的回答）。面试并不顺利，特别是在被问到"你觉得英国有多少台割草机"之后——这让我震惊万分。我没有得到这份工作，新的团队结构也没有保留我现在的位置，我现在真不知道接下来会发生什么……

配角：在你讲述的故事中，你向谁寻求支持？谁会帮助你增加信念？在你需要帮助的时候，谁会来拯救你？例如，我的工商管理硕士（MBA）课程学习伙伴贝基（Becky），我工作中最好的朋友雷切尔（Rachel），我的导师米歇尔（Michele），我男朋友汤姆（Tom）。

渐入高潮：你在自己的故事中就是英雄。渐入高潮处，该是你告诉我们你如何回应和应对挫折的时候了。这时，一定要戴上无限镜片，脑中想的是积极信念。你不需要知道所有的答案，也无须为了写这一节而采取太多行动（你可以留下悬念，激起读者的好奇心）。例如，这是一个展开翅膀的机会，也许是时候以一种新方式使用那些巨大的便利贴了。我想知道还有什么地方可能会欣赏我的优势，我还能向谁学习。我将追随我的好奇心，看看在哪里降落……

## 我的挫折故事

| 主角 | 标题 | 配角 |
|------|------|------|
| 险境 | | 渐入高潮 |

## 面临挫折时的7个自我培训问题

无论你目前遇到什么挫折，以下的自我培训问题（以及下一节的行动理念）将支持你开始取得积极进展。

我的挫折：＿＿＿＿＿＿＿＿＿＿＿＿＿＿＿＿＿＿＿

1. 我能控制目前的挫折的哪个部分呢？

＿＿＿＿＿＿＿＿＿＿＿＿＿＿＿＿＿＿＿＿＿＿＿

2. 谁能针对这项挑战向我提供有益的观点呢？

＿＿＿＿＿＿＿＿＿＿＿＿＿＿＿＿＿＿＿＿＿＿＿

3. 我以前遇到挫折时，是什么帮助我向前迈进的呢？

＿＿＿＿＿＿＿＿＿＿＿＿＿＿＿＿＿＿＿＿＿＿＿

4. 我能从这项挑战中学到什么，从而对我未来的职业生涯产生帮助呢？

＿＿＿＿＿＿＿＿＿＿＿＿＿＿＿＿＿＿＿＿＿＿＿

**5.在挫折发生的同时，我取得了哪些成功的经验（个人经验或职业经验）？**

_____

**6.如果我工作中最好的朋友遇到这种挫折，我会给他们什么建议呢？**

_____

**7.一年后当我对这次挫折进行反思时，我希望当初应该如何应对？**

_____

## "自信手术"

在人们的职业生涯中，当事情让他们措手不及，让他们怀疑自己的能力和影响力时，他们都需要做一些"自信手术"。我们注意到，当人们面临裁员时，当他们处在新环境中感到不适应时，当他们收到负面反馈时，当计划偏离轨道时，最需要这种紧急的自信支持。在本章的最后一节，我们将分享一些行动理念。如果你正在经历这些职业挫折，那么你就可以重建信念，自信地向前迈进。

### 感到不适应

当人们在勇气区投入很多时间，做一些以前从未涉猎的活动，比如开始一份新工作或承担更多责任时，人们常常会感到不适应。自己"还不够好"的想法就会在这些时刻浮现了。人们会被一项挑战压得不堪重负，开始觉得"这是因为我还不够聪明"，或者"因为我经验不足，所以我无法应付"。在这些时候，采取一些让你确信有可能走出困境的行动，并提醒自己，你今天所处的位置并不是你永远所处的位置，这是非常有用的。

### 行动理念：借来的信念

虽然人们不想和其他人进行比较，但人们可以从积极的榜样那里借来信念。当你感到不堪重负时，为了增加你的信念，可以寻找你钦佩且与你现在处境有相似经历的人。这就等同于寻找到相关人士，我们可以从他们那里"借用"一些信念。这些人可能是你组织内的，也可能是你组织外的，他们曾从事过与你类似的工作。由于意识到其他人与你有相同的经历（而不是让你觉得只有你自己感到不适应），因此与他们之间的对话通常是令人欣慰的，他们可能有一些对他们适用的暗示和秘诀。

### 行动理念：星期天把手机关掉

当人们被工作压得不堪重负时，只能延长工作时间，希望能重新掌控局面。这可能是解决短期问题的一个办法，但重要的是要认识到，如果自己"一直在工作"，那么压力水平就会增加，处理自我怀疑的能力就会降低。因此，你必须找到关闭"电源"的方法，给大脑一个重新启动的机会。

试着在星期天关掉一会儿手机，或者在星期天干脆就不开手机，看看会对星期一产生什么影响。虽然你最初可能会怀念从接收信息和电子邮件中获得的微小的多巴胺冲击，但这一切都是值得的，因为这换来的是，你又能以自信和积极的态度投入到一周工作中。一般来说，远离电子设备后，减少你的压力，提高睡眠质量，使你有机会更好地处理每个人都经历过的日常疑虑。如果你想"深入"了解关掉手机后带来的积极影响，我们建议你阅读凯瑟琳·普赖斯（Catherine Price）撰写的简短而有见地的图书《如何与你的手机分手》（*How to Break Up with Your Phone*）。

## 负面反馈

每个人的大脑都有偏向消极的倾向。这并不是说我们大家是消极的人，只是因为大家把更多的时间都花在处理自己所犯的错误上，而不去享受自己取得的成功，这意味着人们更容易回忆和提醒自己在职业生涯中遭遇的艰难时

接受赞扬和批评。花的成长需要阳光和雨水。
——佚名

期。许多人都擅长津津乐道地描述自己职业生涯中遭遇"失败"的细节，而不是自己取得的成功。当人们收到负面反馈时，往往感觉像自己失败了一样。这像是人身攻击，人们小心翼翼构建的自信基石可能会轰然倒塌，不过好消息是，人们可以采取积极行动来加固自己的自信基石。

### 行动理念：欣赏、承认和评估（Appreciate, Acknowledge, Assess，AAA）

当收到负面反馈时，人们最初的沮丧或愤怒的情绪，会妨碍人们理解别人究竟要告诉自己什么。控制你的即时反应和你对反

馈的反应，可以防止把这种情绪演变成消极信念。欣赏、承认和评估是阻止情况恶化的一个简单方法。

第一步是欣赏，你的第一反应应该是说声"谢谢"。可能做起来很难，但它可以帮助你向前迈进。第二步是承认你的感受，听起来可能像"听到你这么说，我既惊讶又失望"。有时，根据你对反馈的反应，你在第一次谈话中顶多说到这个份上了，当然这也是没有问题的。第三步是通过收集更多的见解，来对反馈意见进行评估。这可能意味着再回到同一个人那里，向他提出一些后续问题，抑或与另一个同事交谈，以获得不同的观点。通过使用AAA对负面反馈做出回应，你就可以重新控制局面。

### 行动理念：了解全貌

实践才能提高，要想让人们对自己所描述的"甚至更好"的反馈感到更舒服的方法之一，就是人们自己去请求别人对自己这么反馈。没有人能把每件事都做得非常出色，如果你只听到同事的积极反馈，你不能了解全貌，也就限制了你学习的机会。大多数人并不会经常给出"甚至更好"的反馈，因为人们担心的是，怎么做才不会伤害别人的感情。一个更容易的方法是，你请求别人对你进行反馈时，尽量说得具体些，把话题缩小。与其问同事"你能不能给我一些反馈，让我在工作中做得更好"，倒不如问"有什么办法可以改进我在团队会议上的演讲，使其更有效"。

## 裁员

遭遇重组和裁员是很痛苦的，很多人都会在职业生涯的某个阶段经历。如果人们稍不留神，自我怀疑和消极信念就会大行其道。此时，人们会失去信心，质疑自己的能力，所以采取一些行动，提醒自己曾经取得的成功，是非常有用的。

我以前也被裁员过，这是个可怕的打击；裁员是个烂词，因为它让你觉得自己一无是处。

——比利·康诺利（Billy Connolly）

### 行动理念：自我支持声明

我们在第1章介绍过自我支持声明的概念。提醒你一下，自我支持声明是你写下来或大声对自己说的积极声明。它们提醒你信任自己的能力，帮助你以积极的姿态开始新的一天工作和生活。一些自我支持声明的例子包括：我用自己的节奏取得进步；我只需和自己比较；我的优势使我擅长工作；我通过经历实现成长；我控制自己的思想，而不是让它们控制我等。

### 行动理念：感觉良好的文件夹

当你遭遇重组或裁员时，就很容易忘记自己在工作中取得的所有成就。花点时间，把你过去一年中取得的所有成就归拢到一个地方。也许你可以在收件箱中创建一个名为感觉良好的文件夹，把你收到的所有积极的电子邮件都保存在这个文件夹里。这些电子邮件可能是别人对你的反馈，也可能是团队为庆祝项目成功启动发来的。

> ### 向我们的专家——《为什么丢掉工作可能是你生命中最美好的事》的作者埃莉诺·特韦德尔提问
>
> 培训问题：我被裁员了，自信也遭受了重大打击。我担心申请其他岗位时，别人会觉得我不够好。我怎样才能自信地继续找工作呢？
>
> 专家回答：你的自信遭受了打击，情绪低落是很正常的。接纳所有的情绪，为自己留下悲伤的时间，然后和过去说再见吧。要想很好地继续前进，就必须经历这个阶段。不必马上切换成积极的姿态。当然，你感到担心。不过，不要把担心赶走，而是要更深入地探索它。你担心什么呢？哪些是你能控制的事情，哪些是你不能控制的事情？你要想明白，事实是什么，什么是真实的，哪些是你认为可能发生的事情。
>
> 你内心的声音说你还不够好，其实是想帮助你，让你觉得很安全。但要告诉那个内心的声音，让他把音量降低，因为你有更加令人兴奋的工作要做。现在是反思的时候了，想想你究竟想做什么。你可能需要关注一些急迫的需求，这没关系，那就关注你的需求吧。但不要忽视你想要什么，你理想的明天会是什么样子，以及你如何开始为之努力。
>
> 通过回顾迄今为止的工作经历，你就能开始重建信心。提醒自己你取得的所有成就，你喜欢的时刻，甚至可能是棘手的时刻。想想怎样把所有美好的事情装在脑中，而把所有艰难的时刻抛在脑后。也许这就是你可以告诉内心的声音的时刻：你已经足够好了，你可以改进目前的状况。你下一份工作的内容应该是你

喜欢的更多，不喜欢的更少。

你现在面临三个选择：坚持、改变或放弃。

1. 你可以坚持你的专长，并争取在某些方面得到改进，如灵活的工作、地点、晋升。

2. 你可以改变，换一种方式发挥你的专长，向别人讲授你的专长，做自由职业者，把你的专长写下来。

3. 你可以放弃，把一切都抛到空中，做一些全新的事情，接受再培训、创业，追逐那个疯狂的梦想。

裁员会动摇你的信念，但也能让你变得比以前更好。记住是什么给了你能量，是什么激发了你的兴奋感。很多人都在通过做这些事情为生。那你为什么不这样做呢？被裁员可能是一个你从来都不知道自己想要的礼物。

## 不按计划进行

人们的职业生涯是以变化和不确定性为特征的，所以难免会有事情不按计划进行的时候。当人们希望某件事情发生时，它要么停滞不前，要么朝着另一个方向发展，人们就算没有感到失望甚至愤怒的话，也都会感到万分沮丧。在这些时刻，人们可能会对自己的信念失去勇气，不知道下一步该往哪儿走。人们需要采取行动，帮助自己取得积极进展，并以良好的势头向前迈进。

### 行动理念：初学者的信念

人们能学习新事物，这就提醒人们，自己完全有能力从头开始。作为初学者，人们就不会因为不知道所有的答案而感到难为情，而且人们也会经常发现发挥自己优势的新方法。每个人都会有好奇心，而寻找成为初学者的机会，就是一个很好的开始。它不一定是与工作有关的学习，而是能激起你兴趣的任何东西。例如，在莎拉的职业生涯中，当感觉事情没有按计划进行时，她开始学习初级哲学课程；当我们的一个朋友在新冠肺炎疫情期间被裁员时，她开始经营副业，售卖布朗尼蛋糕；海伦则经常尝试新技术，挑战以不同的方式做事。想想你会喜欢从头开始学习的一件事是什么。

### 行动理念：给自己写封信

当计划偏离轨道时，人们很容易陷入沉思和后悔之中，这些负面情绪让人们难以前行。把负面情绪从自己的脑海中赶出去，然后把它们写在纸上，可以起到精神宣泄的作用。给自己写封信，把你沮丧和失望的苦水都倒出来（你可以打字，但用手写字有减轻压力的额外好处，在这些时刻更加管用）。你无须再读一遍这封信，甚至可以在写完后立即销毁它。用这种方式让大脑放松，就会为你创造从经验中学习并展望未来的空间。

### 向我们的专家——《重置》的作者伊丽莎白·乌维比纳内提问

信心是块肌肉，需要大量的运动和学习新事物的时间。它不是终点。

培训问题：我非常担心在工作中会因为无法胜任而被别人发

现!这让我感到非常焦虑。我怎样做才能克服冒充者综合征呢?

专家回答:重要的是要认识到,很多人都患有冒充者综合征,包括那些看起来特别成功的人。每当你觉得只有自己患有冒充者综合征,或者你认为你会被别人发现的时候,一定要记住其他人也有这样的感觉。事实上,有这种感觉的人可能比没有的要多。

让自己喘口气。别对自己太苛刻。信心是块肌肉,需要大量的运动和学习新事物的时间。它不是终点。你要善待自己,忘掉心中的恐惧。

实际上,列出你曾经取得的成就和过去做得好的事情是很重要的。令人惊讶的是,当我们展望未来,担心自己不会再像以前那样成功时,我们常常把已经取得的成就忘得一干二净。

自信需要自我接受。不要试图做到完美无缺。我们都在进行中并在进行中学习。这是一个旅程。没有人能把一切都事先规划好(即使看起来是这样)。

相信自己。你身处现在的位置自有原因。

## 做 自 己 的 教 练

你可以使用COACH工具,将自己对于本章内容的见解和思考整合在一起,从而用它们来解决某项你此刻正面临的职业生涯的困难。花时间用COACH整理自己的想法,能帮助你进一步明确自己的行动,增加你的自信,并找出你需要的支持。

COACH

清晰 —— 你的自我培训挑战是什么？

选项 —— 你可以尝试哪些选项？

行动 —— 你准备采取什么行动？

信心 —— 你对上述行动有多少信心？

帮助 —— 你需要什么帮助来应对这一挑战？

# 总　结

| 自信：你如何建立助你成功的信念 |
|---|

永远记住，你比你相信的更勇敢，比你看上去的更强大，比你认为的更聪明。

——克里斯托弗·罗宾

**为什么要进行自我培训?**
每个人都有自我怀疑的经历，当你理解这些怀疑，而不是刻意回避或视而不见时，你就会开始建立对你有利而不是对你不利的信念。
自信是一种技能，你可以通过学习变得更好。你的自信越强，你就能越快地从挫折中恢复过来，从而挑战自己、持续进步。

**自我培训概念**
**第一人称与置身事外的观察者**:
通过远距离观察你的处境，重新审视你面临的挑战，特别是当你遇到挫折时。
**舒适区与勇气区**:花时间探索你的"恐怖场景"，以及如何增加在勇气区的时间帮助你建立信念。

## 培训工具

### 自信基石

| 所行 | 7 | 8 | 9 |
|---|---|---|---|
| 所言 | 4 | | 5 | 6 |
| 所思 | 1 | 2 | 3 |

续表

### 把受限镜片换成无限镜片

受限镜片　　　无限镜片

如果我犯了错误，我就是个失败者。

如果我犯了错误，我永远不会放弃学习的机会。

### 挫折故事

| 主角 | 标题 | 配角 |
|------|------|------|
| 险境 |  | 渐入高潮 |

### 自我培训问题

1. 有哪些消极信念阻碍了我的工作？
2. 我的自我怀疑是如何影响我在职业生涯中采取的行动的？
3. 我从迄今为止克服的挫折中学到了什么呢？
4. 我在勇气区花了多少时间，做一些让我感到紧张甚至恐惧的事情？
5. 如果我知道自己不能容忍失败，我会怎么做？

# 第5章

# 关 系

CHAPTER 5

要是没有别人的传球，我一生中永远都不会踢进一个球。

——阿比·瓦姆巴赫（Abby Wambach）

# 如何建立职业生涯所需的联系圈

## 关系：为什么要进行自我培训

1.人们的工作满意度、学习和成功都仰赖人们建立的关系。人们的职业生涯不会停滞不前，人们的关系也是如此。高质量的联系圈靠的不仅是持续不断的投资，还得想想自己除了索取，还能给予什么。

2.紧张的关系可能会主宰人们的生活，耗尽人们的精力。通过自我培训，人们能更好地理解我们在冲突中扮演的角色，并修复人们在职业生涯中所需的关系。

## 重写关系的角色

人们在工作中的合作比以往任何时候都多（在过去10年中增加了50%），与同事之间的人际关系网经常被认为是影响人们工作投入程度的第一大因素。《联系》（*Connect*）的合著者之一大卫·布拉德福特（David Bradford）说道："工作的相互依存性愈演愈烈。如果我们想要成功，就得需要别人提供信息、资源、联系圈和支持。"技术的不断进步，使得人与人之间的即时联系成为可能，人们可能会觉得"认识"的人比他们需要的还多。然而，影响人们学习多少、拥有的精力以及在艰难时期找到出路的能力的，是人们联系圈的质量而不是数量。尽管如此，人们关系的交易性正变得越来越强。迫于"效率提升"和专注任务的压力，人们放弃了对人际关系甚至工作友谊的投资，让位于把工作干完就行。玛格丽特·赫弗南在她的《秘境探险》（*Uncharted*）一书中指出，尽管有充分的证据证明职场朋友帮助高层领导渡过职业生涯中的危机，但成就卓越者经常会让友谊褪色。赫弗南说："这让我想知道，当风暴来临时，谁会赋予我们毅力，谁能让我们团结一致呢？"

## 修复关系

　　尽管大多数人在工作中都想与人和睦相处，但有时由于人们的个性差异，就容易把关系搞僵。一段紧张的关系会主宰人们的生活，耗尽人们的精力。人们通常倾向于避免处理具有挑战性的关系，希望它们会有所改善或自行解决。然而，随着时间的推移，人们会

即便是一些最紧张的关系也能得到修复。事实上，从消极转为积极的关系，恰恰是最为牢固的。
　　　　——艾米·盖洛
　　　　（Amy Gallo）

发现自己因关系不和而变得越来越沮丧，或因分歧而失去动力。

　　人们也倾向于将他们与同事的关系分为黑色或白色，将关系认定为非"好"即"坏"。不过，克里·罗伯茨·吉布森（Kerry Roberts Gibson）和贝丝·斯基诺夫（Beth Schinoff）两位教授对职场关系进行长达9年的研究后指出，现实中大多数的关系都是黑白

混合体，是变化多端的。人们把关系看作是一成不变的，就等同于犯了一个错误；人们把好的关系看成是理所当然的，认为坏的关系永远也不会变好。吉布森和斯基诺夫对"微动作"进行研究后发现，采取小的行动，如表示同情和说声"谢谢"，有可能会修复关系，并会助推进展良好的关系。人们有能力阻止冲突失去控制，并创造进行建设性对话的机会。

## 工作中的良好关系是什么？

世界上没有一个模板，指导你如何在工作中建立良好关系，或为你的职业生涯建立正确的联系圈。不过，在进行自我培训前，你需要牢记一些有用的原则：差异、距离和奉献。

愿意接受不同观点的人，将享受更加充实和成功的生活。
——马修·萨伊德
（Matthew Syed）

## 差异：认知多样化

如果只与"有点像你"的人建立关系，那就得引起注意了。与有共同点的人共度时光，人们可能会感到很惬意。但如果这样的话，每个人的想法相同，经历相似，就会产生回声室效应和盲点效应。研究表明，由相似的人组成的团队往往对一起工作感觉良好，虽然他们对自己做出的决定非常自信，但客观地讲，他们做出的决定可能会非常糟糕。狭窄的人际关系网会限制人们的学习机会，错过向他人学习不同观点、知识和机遇的机会。建立多样化的关系，可以支持人们在工作中表现得更棒，并提高人们对职业生涯的决策水平。

## 距离：强关系和弱关系

把你工作中的强关系和弱关系区别开来，对你来说大有裨益。你的强关系是指你非常熟悉的人，他们可能和你认识一些相同的人，或者他们和你在同一个地区工作。你的强关系会给予你支持，帮助你找到归属感，他们很可能像你了解自己一样了解你。你的弱关系是指你还不太了解的人，你和他们相处的时间还不长。斯坦福大学社会学教授马克·格兰诺维特（Mark

在你现在需要的关系之外，建立更多的关系。
——玛格丽特·赫弗南

Granovetter）发现，人们经常忽视弱关系的重要性，然而恰恰是这些人给人们带来了新的知识、信息和见解，并在探索职业变化中发挥了重要作用。与不太相熟的人建立关系的想法可能会让人望而却步，因为这对他们没有明显的好处。与你以前合作过的人或遇到的人重新建立联系，不失为发展弱关系的一个好方法，而且往往比从头开始建立新的关系会更容易些。

## 奉献：慷慨但不无私

人们得依赖别人才能在工作中取得成功，因此人们在考虑与他人的关系时，很容易一上来就考虑自己想获取什么。他们想让经理支持和提拔他

最有意义的成功，是帮助他人成功。
——亚当·格兰特
（Adam Grant）

们，想让同事在他们的项目上取得进展，想让公司高级管理层支持他们。然而，正如亚当·格兰特在他的《给予和索取》（*Give and Take*）一书中所概述的那样，在组织中取得成功的是"给予者"而不是"索取者"。索取者利用他们的关系，更有可能寻求和期待别人的恩惠，在谈话中占据主动并寻求帮助，却不给予任何回报。给予者通过分享他们的见解、专长和自身拥有的联系圈来帮助他人。成功的给予者并不是无私的，他们只是认识到工作界限的重要性，他们也只给予特定的东西。给予者给予而不求回报。由于给予者在团队中茁壮成长，并认识到每个人都有成功的空间，所以他们也更具备在当今曲折的职业生涯中取得成功的能力。

## 思维陷阱和积极提示

思维陷阱能够有效地对头脑中的某些假设进行识别，防止它们在培训过程中对你的开放和乐观态度造成干扰。

- 我们俩之间的差异太大，不可能建立良好的关系。
- 我对这段关系没有什么可给予的。
- 除了为急需完成的工作建立关系，我无暇建立其他关系。
- 那个人资历太深了，不可能有时间和我待在一起。
- 这个人和我之间不可能卓有成效地进行合作，我们之间的关系已经无法修复了。

对上述思维陷阱进行表达上的重构、使之成为积极提示，这样你就能在自我培训的过程中对自己的假设进行解锁，并获得探索新选项以及可能性的能力。

**从**：我们俩之间的差异太大，不可能建立良好的关系。

**到**：我能从那个人身上学到什么？

**从**：我对这段关系没有什么可给予的。

**到**：我过去与别人是怎样建立积极关系的？

**从**：除了为急需完成的工作建立关系，我无暇建立其他关系。

**到**：我看到像我这样角色的人是如何成功地建立起工作之外关系的？

**从**：那个人资历太深了，不可能有时间和我待在一起。

**到**：对于资历比我更深的人，我能提供些什么（优势、经验和观点）？

**从**：这个人和我之间不可能卓有成效地进行合作，我们之间的关系已经无法修复了。

**到**：我观察其他人与那个人是怎样合作的。

**我的关系的思维陷阱**

---

**我的关系的积极提示**

---

## 自我培训方式：关系

在本节中，我们将重点讨论如何通过自我培训，创建你在职业发展中所需的联系圈。我们将既帮助你建立联系圈，又修复你需要改善的关系。

在第一部分，我们将讨论：

↪ 如何规划你的职业社区。

↪ 如何对你的职业知己、顾问进行投资，以及如何确立职业联系圈。

在第二部分，我们将重点讨论：

↪ 如何通过勇敢的对话和共鸣来修复你与经理之间的关系。

↪ 因个体差异造成关系紧张时的自我培训方式，以及建设性冲突的价值。

在本章结尾，《和睦相处》（*Get Along*）一书的作者艾米·盖洛分享了她的见解和实用建议，教你如何以一种可以改善关系的方式表达与经理相左的意见。

> 当人们告诉我，他们已吸取经验和教训时，我告诉他们诀窍是吸取别人的经验和教训。
> ——沃伦·巴菲特（Warren Buffett）

## 职业社区：你的5人圈/15人圈/50人圈

在第一部分，我们将重点介绍如何指导自己审视工作关系现状，以及如何为今天工作和未来职业的正确关系进行投资。

心理学家罗伯特·邓巴（Robert Dunbar）一直在探索人们的大脑在任何一个时间点能够处理的关系数量上限（即邓巴数字）。他认为，人们的核心圈平均有大约5个人，通常是家人和最好的朋友；有15个信任的亲密朋友；有50个朋友；还有150个"泛泛之交"。邓巴发现他的研究成果适用于不同的场合，从军队的组织管理到企业的团队合作。在下一节中，我们受邓巴数字的启发设计了一个框架，用来审视你的工作关系，重点关注你有5个职业知己的核心圈，你信任的15个职业顾问，以及构成你职业联系圈的50个人。对于每个圈层，我们支持你确定已经拥有的关系，运用自我培训问题来评估这些关系的质量，并提出改善这些关系的行动理念。你可能会发现，有些人既是你的知己，又是你的顾问，还在你的联系圈中。这不一定是件坏事，但是，如果重叠的人太多的话，你可能得考虑一下你的职业社区是否有足够的"差异性"（我们在关系原则中已经提及）。

## 你的职业社区

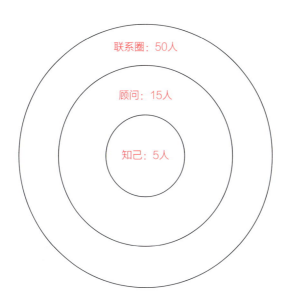

联系圈：50人

顾问：15人

知己：5人

## 你的5人圈：职业知己

你的职业知己是那些不只是同事关系，可能感觉更像是朋友的人。这些关系是多年来有机地建立起来的，但要做到这一点，仍然需要花费时间和精力去维系（因为人们很容易把这些人当成理所当然的职业知己）。你在遭遇危机时，会先向职业知己求助。但是，你不应该只在遇到危机时，才想起来与他们进行深度联系。

### 确定你的职业知己

使用下面以"谁"为主题的问题，帮助你思考你目前的职业知己究竟是谁：

﹏↪ 如果你考虑换个工作，你会向谁咨询？

﹏↪ 当你为工作关系纠结时，你会和谁交谈？

﹏↪ 谁是第一个祝贺你成功的人？

﹏↪ 你相信谁会告诉你真相，即使它不怎么好听？

﹏↪ 谁会不加评判地倾听你的心声，为你提供无条件的支持？

### 我的 5 个职业知己

1. _____

2. _____

3. _____

4. _____

5. _____

## 对职业知己进行投资

这些关系对你的职业生涯至关重要，你很容易认为，当你需要的时候，它们还永远存在。然而，像任何关系一样，它们需要人们一如既往的关心和关注，才会永葆活力。下面是关于如何继续建立职业知己关系的3个行动理念。

### 行动理念：解决方案、参谋或支持

人们能为自己和知己做得最好的事情之一，就是弄清楚自己是否需要解决方案、参谋或支持。这是3种截然不同的需求，人们对每种需求的反应也自然各异。解决方案意味着人们在寻找行动理念，参谋意味着人们希望听到别人的观点，而支持通常意味着人们想寻找一个可以倾诉的人。在与职业知己谈话前，可以问自己一个很好的问题："我想从这次谈话中得到什么，是解决方案、参谋、支持，还是别的什么？"你也可以把这个问题改动一下，变成"我怎样才能为你提供最大的帮助，你需要解决方案、参谋或支持吗？"确保你以最有用的方式为你的关系提供帮助。

### 行动理念：共同解决问题

将你的几个知己聚在一起，你面临的一些挑战可能也就迎刃而解了。把知己聚在一起是简单到家的事，比如，在"瓦次普"群里联系几个人。请几个知己在小组环境中，分享一下他们对你遇到问题的看法，可以使大家在吸收彼此想法的基础上，激发出新的解决方案。你的知己可能也会感谢你，为他们提供了建立一些新的联系圈的机会。

### 行动理念：周到的感谢

我们发现，对与我们一起工作的人说声"谢谢"要比在其他场合说更难。我们常常对他们的支持心存感激，而忘了把"谢谢"两个字大声说出来。或者有时说出"谢谢"，会让人们因需要别人的帮助

> 欣赏可以创造出很不平凡的一天，甚至可以改变你的一生。当你想要表达对他人的由衷欣赏时，请不要犹豫。
> ——玛格丽特·卡曾斯
> （Margaret Cousins）

而感到自己脆弱不堪。当你的知己以及职业社区中的其他人对你产生了积极影响时，要对他们说声"谢谢"。感谢别人对你的帮助，这个人就很可能再去帮助别人。因为他们知道，他们能对别人产生积极影响。

> **下个月我对职业知己进行投资的一项行动：**

_____

## 你的15人圈：职业顾问

有15个（左右）的职业顾问会支持你，替你发现机会，并给你提出建设性的挑战。这个圈层可能包括导师、经理（前任和现任）、同行和你所属人际关系网的人。

接下来的练习，旨在帮助你对目前的顾问，以及你是否有合适的人员组合进行审视。先在下面的表格中列出你的职业顾问（如果你还没有15个，也无须担心）。现在问自己以下4个问题，把他们的轮廓描述出来：

1.这个人更支持你做目前的工作还是探索未来的职业机会？

2.这个人更像是向你提出棘手问题的挑战者，还是帮你建立信念的支持者？

3.这个人对你的行业或公司不甚了解，还是能对你的经历感同身受？

4.这个人与你相似（你们有共同的观点或价值观），还是你们经常有不同的想法，甚至不同意对方的意见？

尽管顾问中的有些人能够同时做到人物轮廓中所列的两件

事，例如，既支持你做目前的工作，又支持你探索未来的职业机会，但此练习的目的是要找出能够发挥他们更大价值的地方。

| 你的职业顾问 | | | | | |
|---|---|---|---|---|---|
| 姓名 | 目前/未来 | 挑战者/支持者 | 不甚了解者/感同身受者 | 不同/相似 | 人物轮廓 |
| 例如：作为莎拉15人圈之中的罗布 | 目前 | 挑战者 | 感同身受者 | 相似 | 目前/挑战者/感同身受者/相似 |
| 1 | | | | | |
| 2 | | | | | |
| 3 | | | | | |
| 4 | | | | | |
| 5 | | | | | |
| 6 | | | | | |
| 7 | | | | | |
| 8 | | | | | |
| 9 | | | | | |
| 10 | | | | | |
| 11 | | | | | |
| 12 | | | | | |
| 13 | | | | | |
| 14 | | | | | |
| 15 | | | | | |

现在你已经勾勒出了职业顾问的轮廓，请看一下表格的最后一列。你注意到了什么？最好的职业顾问应该对你有多种多样的支持，所以如果你一旦发现职业顾问为你提供"相同"支持的地方太多，那么采取行动的时机就到了。例如，我们在本章开始就谈到，如果发现职业顾问都是与你相似的人，这也很常见。或者，如果你是一个像莎拉一样认为冲突很难对付的人，可能是因为职业顾问中缺少向你提出建设性挑战的人。在我们讨论行动理念前，请你问自己3个自我培训问题：

**是什么帮助我与职业顾问建立了关系？**

---

**我的职业顾问中缺少哪些角色？**

---

**谁能帮助我填补我迫切需要的职业顾问的角色（无论是直接填补还是牵线搭桥）？**

---

### 行动理念：发现差异

要找到与你不同的人，并与之建立关系，这可能很难。一个更为可行的方法是花时间与那些有不同观点的人待在一起，无论他们是与你的观点不同，还是他们彼此之间的观点不同。也许你不同意这个人的决定，也

学会和与你持不同意见的人进行交谈是非常重要的。
——皮特·西格
（Pete Seeger）

许这个人提出了你以前从未想到的观点。这些人有时让你觉得有点可怕，因为他们的方法不同寻常，但他们可以成为对你而言最有价值的职业顾问。他们最有可能让你停下脚步，或说出让你大吃一惊的话。你无须为了与他们建立积极的关系，就去迎合他们的观点。要与一个与你不同的人建立关系，从我们所说的"挑战与建设"的方法开始可能是有用的。"挑战与建设"的方法包括以下三步：

1.确定你希望获得一些其他观点或建设性批评的项目或任务。

2.与你想花时间和他们待在一起的人接触，向他们分享你的项目概况，并告诉他们，等你们下次有时间在一起时，你会感谢他们的"挑战与建设"。

3.保持小规模的"挑战与建设"会议，最好是一对一，最多4个人（包括你自己）。如果超过4个人的话，就很难对对话进行跟踪和控制。

我们在职业生涯中都用过这个方法，发现它很管用。你不仅能与更多的人建立关系，而且这些类型的会议，还会帮助你在组织内建立自己的影响力。

**下个月我对职业顾问进行投资的一项行动：**

## 你的50人圈：职业联系圈

你的职业联系圈并不仅仅是你碰巧认识的50个人；相反，他们是当下在你职业生涯中发挥重要作用的50个人。你可能见到他们的概率要比见到职业知己或职业顾问的概率低，但你知道他们是谁，以及你会怎样和何时向他们寻求意见、支持或建议。在下一个练习中，你会在一个地方看到你所有的职业联系圈。等你考虑想投资哪些关系，以及你需要在哪里建立新的关系时，可以参考一下职业联系圈，它将对你大有裨益。

## 如何确定你的职业联系圈

- 通过回答我们在下面建议的以"谁"为主题的问题，开始绘制你的联系圈。
- 写下这些人的名字，而不是用一般短语对他们进行描述。例如，不要写"前任经理"，而是写下他们的名字。
- 有些人可能会出现不止一次，例如，你的经理也可能是你的导师。一个同事可能既帮助你完成工作，又是你的朋友。
- 记住，在你的职业社区中，既要有你所在组织内的人，又要有你所在组织外的人。
- 在你的职业社区中，可能有些人不符合任何以"谁"为主题的问题，你可以将这些人算到以"还有谁"为主题的问题中。

## 我的职业联系圈

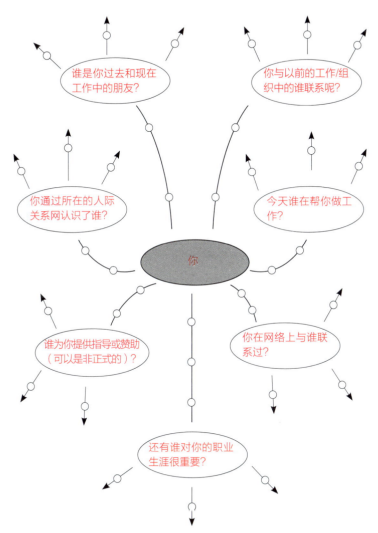

对你的职业联系圈进行反思后，记下你对以下每个自我培训问题的想法。

**在绘制好我的职业联系圈后，我注意到了什么？**

**我想和谁建立更加牢固的关系？**

**我的职业联系圈中最大的差距在哪里？**

## 保持职业联系圈的参与性和活跃性

维系各种各样的关系是一项艰巨的工作，因此，重要的是找到一些小方法，让你能定期与别人保持联系。我们针对如何以可持续的方式，对你的职业联系圈进行投资的问题，分享了两个行动理念。

### 行动理念：花 5 分钟时间帮个小忙

花5分钟时间帮个小忙而不求回报是支持别人的最简单便捷的方式。如果你连续两个月每天都花5分钟时间帮别人一个小忙，到最后你很有可能为职业社区中的50个人都提供过一些小的帮助了。这是一个很好的需要经常实践的奉献习惯，你做得越多，就越容易发现为别人提供支持的机会。我们俩经常做的一些花5分钟时间帮个小忙的例子，包括：

1.向某人推送你认为他会感兴趣的文章、播客、图书等。

2.与你职业社区中的两个人进行联系。

3.在领英上撰写一份推荐信。

4.给予别人肯定优势的反馈："我觉得你在那次会议上表现很出色，因为……"

5.向某人发送视频或语音信息，给予他们支持或鼓励。

### 行动理念：一次为多人提供帮助

同时向联系圈里尽可能多的人提供有价值的东西，是对时间和优势的明智利用。例如，海伦写了一份名为"对曲折的职业生涯的好奇心"的时事通讯，并发布在领英上，她用这种方式向联系圈分享她对不同主题的认知和想法。我们的一个朋友詹姆斯·沃特利（James Whatley）以类似的方式，写了一份很棒的名为"星期五的五件事"的时事通讯。为了让他的联系圈受益，詹姆斯围绕相关主题，策划了文章、视频等。一次为多人提供帮助并不只在你的对外联系圈中发挥作用。我们的研讨会里面有个人举办了"编码101"午餐学习课，他组织内部任何想更多地了解基本编码技能的人，都可以学习该课程。

### 下个月我对职业联系圈进行投资的一项行动：

### 职场熟人——那150个人怎么样了呢？

你可能已经注意到，我们在社区工具中没有包括那150个"泛泛之交"。在你的职业背景下，这个圈层更难建立和管理，但如果你能够影响职业生涯中"泛泛之交"的心流，这些人将来可能会进入你的联系圈。一个好的开头是每隔几个月在新的地方和场所待一些时间，并为好奇心对话腾出时间。对海伦来说，可能是通过领英或"午餐俱乐部"（Lunchclub.com）与人联系；对莎拉来说，可能是由已经在她的职业社区的人，将她介绍到新的人际关系网中。

可以问自己以下自我培训问题：

**我目前把时间花在哪里，可以帮助我认识职场中的"泛泛之交"，他们会成为我未来职业社区的一部分吗？**

**我怎样才能找到新的地方和场所，进行好奇心对话，从而为未来的职业社区激发出新的关系？**

## 修复关系

尽管你尽了最大努力，但有时还是把工作关系闹僵了。有分歧就会产生摩擦，工作方式不同会导致关系脱节，缺乏同情和尊重甚至让你开始讨厌和你一起工作的人。所有这些因素，都会让你对工作感到不满。在本章的第二部分，我们重点讨论工作中两个常见的关系挑战：与经理的关系不好或破裂，以及与同事之间的摩擦。你也可以利用我们分享的所有工具和行动理念，指导自己应对工作中遇到的任何关系挑战。

## 经理很关键

经理对人们的工作感受有着极大的影响。研究表明，人们对工作约70%的投入直接取决于他们为谁工作。与经理的关系变得破裂、脱节或疏远后，人们的生活就被这糟心的关系支配了，人们会没有心思把工作做好，甚至还有可能走到跳槽的地步。市场研究公司盖洛普（Gallup）公司发现，在人们的职业生涯中，有50%左右的人离职与经理有关。

## 勇者对话

你和经理重建关系的首要方法之一就是进行勇者对话。这对大多数人来说都是一种挑战，因为当你不知道对方是什么反应时，挑起一个艰难的话题，的确需要莫大的勇气。勇者对话需要好奇心、表述清晰和信心。下面的行动理念可以帮助你为勇者对话做好准备。

### 行动理念：厘清形势

向经理反馈他们的方法、行动或行为对你的影响，可能的确很困难，但这无疑是化解摩擦最有效的方法之一。我们设计的SORT框架，不失为一种帮助你做好勇者对话准备的有效方法，并为你在讨论中如何表现指明了方向。SORT代表的是：

形势（Situation）——目前正在发生什么？

观察（Observation）——你看到了什么行为？

反应（Reaction）——这让你感觉怎么样？

共同（Together）——我们怎样才能共同推动事情的发展？

与经理交谈时，你不必机械地使用SORT框架。重要的是，要让你们之间的讨论更像是一次谈话，而不是一次对抗。但是，知道你想说什么并事先做好准备，能够让你在那一刻感到信心满满。

## 试着对经理产生同理心

当你与经理的关系不融洽时，我们可能会觉得自己处于争斗之中，"你与他们"的思维模式会占据上风。虽然这也可以理解，但对你却没有任何帮助。与其把你的经理看成是敌人，不如利用这个机会试着对经理产生同理心，这样做才更有建设性。神经科学表明，同理心是有效的，因为人们大脑中的镜像神经元会自然地促使人们做出互惠行为。因此，如果你能开始对经理产生同理心，就会增加他们对你产生同理心的机会。正如哲学家罗曼·克兹纳里奇（Roman Krznaric）在他的《同理心》（Empathy）一书中指出的那样，仅仅思考同理心，你能取得的进步相当有限："当我们抛开指南，踏上冒险之旅时，我们才能真正把同理心学到极致。"

我们提出了两个行动理念，你可以马上开始付诸实施，即换位思考和替补技能。

### 行动理念：换位思考

换位思考可以让你从经理的角度看待问题。有了这种洞察力，你就能够抢先一步了解到经理可能面临的挑战，并使你能够更加积极主动地提出建议和解决方案。回答下面的自我培训问题，开始思考经理此刻的思维模式。

**让经理晚上难以入眠的可能是什么呢？**

---

**经理的大部分时间是怎样度过的？**

---

**是什么因素在激励和驱动经理呢？**

---

**如果我是经理，在这种情况下，我会怎么想、怎么做？**

---

### 行动理念：替补技能

经理除了管理团队人员，往往还要兼顾不同的优先事项，承担着各种各样的压力。他们需要完成项目和倡议，同时还要抽出时间来指导和发展为他们工作的人。要做好这份工作并非易事，如果不了解他们工作的其他要素，就很难完全对他们产生同理心。想更多地了解经理的角色，有一个非常实用的方法，那就是试着承担经理的一部分职责。当经理外出度假时，你可以代替他们参加一些会议，或者当经理目前有太多工作而分身乏术时，你可以在项目上提供帮助。这并不像最初听起来那么可怕，因为人们通常不希望你"成为"自己的经理，但你可以借机很好地了解经理的真实角色。

> **我打算开始对经理产生同理心的一个方法是：**

---

## 修复与经理间不良关系的真相

如果你开始进行勇者对话，试着对经理产生同理心，努力修复和恢复与经理的关系，你将有望很快看到关系改善的迹象。这些改善的迹象可能表现为你与经理对话时，让你享受的地方多了，你开始向经理学习，或者你能够预料到经理在什么时候需要帮助。有时，你可能把事情都做对了，但与经理间的关系却没有得到任何改善。在这种情况下，最好给自己设个时间限制，即在你开始寻求其他选项前，你还准备在这段关系中继续投入多长时间。就算你打算另寻出路，你仍然可以有效地利用这段时间，尽可能多地建立关系，尽可能地向经理学习。

## 与难以相处的人打交道

在人们的职业生涯中，都会有与自己认为难以相处，甚至害怕与他们相处的人共事的时刻。人们觉得与这些人难以相处的常见原因有两个：

1.他们的想法和行为与我们不同。

2.他们主动而且公开地不同意我们的意见。

我们在下文中就上述两方面的原因分别进行了探讨，并分享了行动理念，以帮助你进行自我培训，改善与难以相处的人的关系。

## 当差异使事情变得复杂时

每个人都把自己的见解、假设和方法带到工作中，这就是人们的与众不同之处。差异是有价值的，它会产生创造性的结果，并有助于解决问题。当人们的思维和行为方式与我们看待世界的方式相冲突时，差异还会引起摩擦。有些摩擦虽小但令人沮丧，比如你说话的时候被别人打断；有些摩擦很大且足以阻碍你进步，比如有人不让你参加会议。

人们的性格影响着我们与别人之间的互动。性格互补的人很容易聚在一起，他们往往会产生一种归属感。而另一方面，性格不合会产生矛盾，惹你烦心。现在有很多心理测试工具，可以帮助我们对自己以及与我们共事的人进行"分类"。每种工具都能帮助你了解哪里可能会性格互补，哪里可能会性格不合。我们利用这两种工具，设计出一个简单的方法，你可以用它来诊断你与他人的关系，并思考有效的应对策略。

## 你是什么形状？

看看下表中的4种形状和对它们的描述。我们事先警告一下，这些描述没有一个是特别吸引人的。但这个练习的目的，是要确定你在遇到难以相处的人时是怎样表现的。当然，在这种情形下，我们很难展现出自己的最佳状态。在处理人际关系方面，不存在哪种形状会更好的说法。

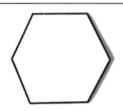

**激烈的六边形**

你可能发现的行为

观念一成不变；先行动，后倾听；优先考虑推进进度而不是照顾人的感受；脾气暴躁，不耐烦，对他人要求苛刻。

你可能说的话

我们想得太多了。

我们需要继续前进

**基于数据的菱形**

你可能发现的行为

查询信息，深挖细节；优先考虑证据与逻辑，而不是根据同理心进行判断；顽固不化，妨碍进步。

你可能说的话

我们需要更多的数据和细节。

你的证据在哪里

**健谈的三角形**

你可能发现的行为

说话多且语速快；容易变得兴奋和情绪化；优先考虑感受而非事实；如果觉得自己受到排斥，就会固执己见，喜欢与人争辩。

你可能说的话

你不明白。

这是个灾难

**寻求共识的圆形**

你可能发现的行为

不喜欢做决定；不喜欢处于困境；优先考虑达成共识而不是解决问题；为人谨慎，遇到压力时会自我封闭。

你可能说的话

你是怎么想的

只要你高兴，我就高兴

你现在已经熟悉了这些形状及其特征，请回答以下自我培训问题：

我在遇到难以相处的人时表现为哪种形状？

_____

在遇到难以相处的人时，我从自己身上发现了哪些行为？

_____

我可能会说什么样的话？

_____

我觉得最难以相处的人通常表现为哪种形状？

_____

我遇到了难以相处的人，我觉得对方表现为哪种形状？

_____

## 修复摩擦

　　现在你已经了解了自己对难以相处的人采取的应对措施，并对与你共事的人也进行了充分思考，接下来你可以确定可能采取哪些行动来改善关系。这不是说让你装成另一个人或"改变形状"，重点是你对自己的方法进行微调后，可能会对你的关系产生巨大的影响。利用下面的表格，将你的形状与别人的形状进行对比，就等于帮助你启动了关系改善的过程。你会发现自己的关系风险是什么，以及你如何应对这些风险。

| | | 他们是什么形状 | | | |
|---|---|---|---|---|---|
| | | 激烈的六边形 | 基于数据的菱形 | 健谈的三角形 | 寻求共识的圆形 |
| 你是什么形状 | 激烈的六边形 | 风险：你们都认为自己是对的，谈话变得很激烈。应对措施：将你的方法转变为理解和倾听。 | 风险：你想继续前进，而他们想深入了解细节。应对措施：明确最后期限，请他们分享建议。 | 风险：他们因你缺乏正能量而感到沮丧。应对措施：在会议中留出非正式交谈时间。 | 风险：由于你没有考虑别人的感受，他们感到很恼火。应对措施：在继续推进工作前，主动征求别人的意见和建议。 |
| | 基于数据的菱形 | 风险：你想把事情做对，但他们只想把事情做完，然后继续前进。应对措施：了解对他们来说什么是重要的，以及你的洞察力和数据如何起到帮助作用。 | 风险：你们会陷入分析瘫痪，并重复彼此的工作。应对措施：商定明确的最后期限、期望、角色和责任。 | 风险：你因缺乏关注而感到沮丧，而他们认为你很消极。应对措施：帮助他们了解你是怎样把事情做大、做好的。 | 风险：他们认为你的事实不能反映人们的感受，并对你的方法提出质疑。应对措施：将他们的洞察力和你的数据结合起来，得出一个更令人信服的结果。 |

续表

| 他们是什么形状 | | | | |
|---|---|---|---|---|
| | 激烈的六边形 | 基于数据的菱形 | 健谈的三角形 | 寻求共识的圆形 |
| 你是什么形状 — 健谈的三角形 | 风险：由于你对他们的关注不够，他们感到非常沮丧。应对措施：请他们明确说明需要你做什么，你在何时以何种方式为他们提供帮助。 | 风险：你感到无聊，心烦意乱，他认为你不尊重他们。应对措施：开短会，集中讨论需要优先解决的问题。 | 风险：你说了很多，但没有付诸行动。应对措施：经协商同意，将你们的会议时间平均分配在叙旧和推进工作上。 | 风险：当他们想花时间获得共识时，你就会无精打采。应对措施：为可以快速完成的事情出谋划策，从而尽快结束会议议程。 |
| 你是什么形状 — 寻求共识的圆形 | 风险：他们对你的意见置之不理，你觉得他们对你不耐烦，对事情不敏感。应对措施：在后续会议上说出你当时可能无法分享的反思和建议。 | 风险：他们进行对抗和争论，这让你打起了退堂鼓。应对措施：向他们提出开放性问题，将他们的注意力从事实或数据转移到洞察力上。 | 风险：你发现他们很夸张，当他们说话时，你就不听了。应对措施：积极倾听，分享关键信息，使每个人都在同一起跑线上。 | 风险：你们都认为事情可以改善，但由于双方都想避免冲突，所以事情没有得到任何改善。应对措施：专注于小的行动和结果，比如"我们俩可以一起做件什么小事，会使事情有所改变？" |

自我培训问题：

**我采取什么行动能减少人际关系中的摩擦？**

## 当分歧和冲突发生时

分歧不一定会让事情变得复杂，冲突也不一定像战斗。艾米·盖洛发现，建设性的冲突会带来更好的工作成果、学习和成长的机会、更高的工作满意度和更加包容的工作环境。围绕对冲突的反应进行自我培训，是在工作中建立有效关系的重要一环。

## 你是激活者还是逃避者？

在我们研究如何把更多的时间，放在建设性冲突有用的"中间地带"上之前，了解你是天生的冲突激活者还是逃避者很重要。我们一谈到这两个概念，你可能头脑中马上就有画面了。我们在下表中又进行了更为详细的描述，以进一步加深你对这两个概念的理解。

续表

| 可能说的话 | 可能说的话 |
|---|---|
| 我们现在来谈谈这个。 | 我们以后再来讨论这件事情吧。 |
| 我不同意。 | 这不是问题。 |
| **可能做的事** | **可能做的事** |
| 趁热打铁发邮件。 | 采取防御措施并往后退缩。 |
| 站着说话。 | 会后抱怨。 |
| 主导谈话 | 用幽默感来掩饰自己内心的真实感受 |

根据自己的冲突风格，回答下面的问题，并考虑这与你为之工作的人和与你共事的人有什么关系。

你在冲突天平上处于什么位置？

激活者 ←——————————————————→ 逃避者

**你为之工作的人的冲突风格是什么（激活者或逃避者）？**

_____

**你觉得别人的哪种冲突风格最难对付（激活者或逃避者）？**

_____

大家可以对创造建设性冲突的中间地带贡献自己的真知灼见，以下是我们的一些行动理念：

## 激活者＋激活者

激活者和激活者之间的对话，很可能充满了冲突、辩论和讨论，但没有产生多少解决办法。每个人都固执己见，彼此都不肯妥协。由于激活者在对话中占据主导地位，因此也会忽略别人的观点。

### 行动理念：从精心组织开始

激活者能从约定规则中受益。创建一个明确的体系，让大家都有机会发言，他们的工作自然就会步入正轨。这可以具体到开会时，先给每个人5分钟时间，让他们围绕某一主题发表自己的观点，接着讨论15分钟，然后就优先事项和行动方案达成一致。如果安排一位中立人士来斡旋的话，也可以确保对话以适当的节奏，围绕要达成的目的顺利进行。

## 激活者＋逃避者

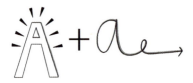

参与对话的每个人都感到万分沮丧。激活者想进行一场激烈的辩论，但与此同时，逃避者却在千方百计地阻止这种情况的发生！这样的结果是，在没有与逃避者达成一致的前提下，激活者全力以赴地完成一项任务。最糟糕的情况是，逃避者甚至会在幕后偷偷地阻碍任务的顺利进行。

### 行动理念：从相互支持开始

大家相互折中的最终结果，就是相互支持。激活者需要探出身去，给逃避者留出空间；逃避者需要向前一步，参与对话。对于激活者来说，可能需要专心听别人说话，不要打断别人；对逃避者来说，可能需要多提问题，并提供值得考虑的选项。找到双方共同点的一个方法，是了解哪些结果对双方来说都很重要，并探讨一起工作、相互支持的方法，而不是把冲突变成争吵。

## 逃避者＋逃避者

$$\mathcal{A}e_{\rightarrow} + \mathcal{A}e_{\rightarrow}$$

由于没有人愿意分享他们的观点，逃避者和逃避者之间的对话注定会陷入僵局。你们可能甚至都没有意识到彼此之间存在分歧，这是需要注意的另一个挑战。

### 行动理念：从场景模拟开始

为了鼓励每个人参与对话，你可以使用场景模拟来发起讨论。例如，在会议上，你可以探讨一个项目可能采取的3个不同方案，并请每个人分享一下对每个方案利弊的看法。这感觉是一种"安全"的方式，让那些通常回避冲突的人参与进来，甚至开始享受起这种大家分享各自观点的对话。在讨论前，让逃避者通过电子邮件分享他们的想法，也有助于推动对话。

## 寻找保持中立的斡旋者

有些人既不是冲突的逃避者，也不是激活者。相反，他们的优势之一就是建设性冲突。通过观察这些"保持中立的斡旋者"

的行动，你能学到不少东西。他们冷静而自信，即使出现意外情况，也有驾驭对话的技巧。斡旋者会发现是否有人被排除在对话之外，并在出现紧张局势时有效地将其化解。想一想今天与你共事的人当中，谁是保持中立的斡旋者，看看他们在哪些方面做得好。你甚至可以直接靠近他们，询问他们有哪些建议，从而对你处理冲突的方法予以改进。

## 向我们的专家——《和睦相处》（*Get Along*）的作者艾米·盖洛提问

虽然与比你有权势的人意见相左让你紧张万分，但当你带着尊重和自信去做时，它就能改善你的工作和你们之间的关系。

**培训问题：** 我与经理意见相左时，怎样才能不给人留下我很难相处或对经理不尊重的印象？

**专家回答：** 经理对你的看法是非常关键的。毕竟，他们有权决定你工作生涯的重要方面——在哪里工作，什么时候工作，你开始承担什么项目，你的薪水，以及你在公司的未来。

当然，同意经理的意见是再简单不过的事了——而且，说实话，有些领导就希望你这么干——但是，不把话说出来，会导致有害的后果，错失机会。与其唯唯诺诺，不如按照我们下面的方法行事。

### 风险反转评估

如果我们发表意见的话，先要考虑可能会造成什么糟糕的局面，这是我们的自然本性使然。但你不要这么想。相反，先考虑不发表意见的话，会带来什么风险，也许项目会脱轨，或者你会失去团队对你的信任。然后权衡一下这些风险和发表意见后带来的潜在后果。要现实点。有些顾虑是正常的，但不能冒被解聘或与同事为敌的风险。

### 请求经理允许你发表不同意见

评估经理是否愿意听取你的意见后，再引入这个话题。向经理解释说，你有不同的意见，并询问你是否可以表达出来："我对这个问题有不同的看法。我能说说我的想法吗？"虽然这样看上去显得你过于毕恭毕敬，但这让经理觉得他有控制感，而不是让他措手不及。经理很少会拒绝这种类型的问题，但如果他拒绝了，那么你也知道了自己的立场。如果他没有拒绝，并表示同意，你就可以更加自信地分享你的不同意见了。

### 避免评判

重述经理的观点，表明你已完全了解。说话要自信，语速要缓慢——用平和的语气说话，会让你和对方都平静下来。然后分享你的观点，陈述事实，避免任何评判性的词语，如"草率""愚蠢""错误"等，因为这可能会惹恼经理。你只需表达自己的观点，并愿意就此进行对话。

### 尊重经理的权威

经理最终可能会做出最后的决定，你要承认这一点。你可以说："我知道你会在这里做出决定，我想补充一下我的想法。"与此同时，不要卑躬屈膝，妄自菲薄。优秀的经理会希望别人有自己的观点，即便这些观点与自己的并不一致。

好消息是，你这样做过一次后，下次就容易多了。虽然与比你有权势的人意见相左让你紧张万分，但当你带着尊重和自信去做时，它就能改善你们之间的关系。

# 做自己的教练

你可以使用COACH工具，将自己对于本章内容的见解和思考整合在一起，从而用它们来解决某项你此刻正面临的职业生涯的困难。花时间用COACH整理自己的想法，能帮助你进一步明确自己的行动，增加你的自信，并找出你需要的支持。

---

COACH

清晰 —— 你的自我培训挑战是什么？

选项 —— 你可以尝试哪些选项？

行动 —— 你准备采取什么行动？

信心 —— 你对上述行动有多少信心？

帮助 —— 你需要什么帮助来应对这一挑战？

---

# 总 结

## 关系：如何建立你职业生涯所需的关系

要是没有别人的传球，我一生中永远都不会踢进一个球。

——阿比·瓦姆巴赫

### 为什么要进行自我培训？

你的工作满意度、学习和成功都仰赖你建立的关系质量。

紧张的关系可能会主宰你的生活，耗尽你的精力。了解自己和他人后，你就能修复关系，并从建设性的挑战中获益。

### 自我培训概念

基于三条原则建立你的职业社区：

**差异**：创建多样化的关系，为你提供新的想法和观点。

**距离**：对你非常熟悉的人（强关系）以及你不太了解的人（弱关系）进行投资。

**奉献**：从你必须奉献的东西着手，发展牢固的关系。

## 培训工具

### 职业社区

### 理解差异

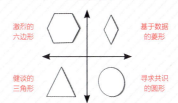

### 修复摩擦

激活者　　　　　　　　逃避者

续表

**自我培训问题**

1.到目前为止，是什么帮助我建立了职业生涯中的关系？

2.对于我想建立的联系圈，我需要为他们做点什么？

3.我在维护现有关系、建立新关系方面花了多少精力？

4.我发现了哪些难以相处的人？

5.我怎样才能向那些与我有不同技能、观点和经验的人学习？

人类深层次的交流……是有意义生活的目的和结果。
——梅琳达·盖茨
（Melinda Gates）

# 第6章

# 进步

CHAPTER 6

我们勇往直前，打开新的大门，尝试新的事物，
因为我们好奇……好奇心带领我们踏上新的道
路。

——华特·迪士尼（Walt Disney）

## 充满激情地向前迈进

### 进步：为什么要进行自我培训

1.积极主动地追求进步为人们提供了选项，并使人们的职业生涯更能适应变化。

2.把进步的密码掌握在自己手中，就会增加人们对职业生涯的控制权，并使人们在成长过程中减少对他人的依赖。

### 积极主动地追求进步

职业发展的目的并不只是晋升，它是人们在职业生涯中不断前进的方式。如果人们停滞不前，发生在人们周围的变化就会对他们造成伤害。现在，一项技能的寿命估计为5年时间甚至更短。这就意味着，即使你在接下来的5年里一直在

> 我之所以没有计划，是因为如果我有计划，我就会受限于今天的选择。
> ——谢丽尔·桑德伯格（Sheryl Sandberg）

同一个岗位上工作，你目前储备的知识也不足以让你出色地完成工作。当人们在职业生涯中取得进步时，人们的选择就多了，适应能力提高了，机会也增加了。人们通过重新学习，从头开始尝

试和探索，进而建立人们的信心。进步有助于人们更好地应对变化，并能自如地处理好迎面而来的曲线球。

## 把职业生涯掌握在自己手中

在一个总是很忙且待办事项清单几乎不能完成的环境中工作，会面临的一个挑战是，日常工作可能会妨碍我们的长期发展。人们希望，或者说期待，作为对自己辛勤工作和日复一日付出的回报，人们理应获得一次进步的机会。这种方法带来的挑战是，人们把职业发展机会寄托在别人身上，完全依赖于自己无法控制的力量和因素。当人们看不到朝思暮想的进步机会时，就开始感到沮丧、怨恨不已和陷入困境。把职业生涯掌握在自己手中，你就能控制自己的成长方式和发展方向。你别指望别人给你换个岗位或项目，相反，你应该为自己创造机会。

## 什么是进步？

进步在过去的意思是爬梯子。那时，人们对成功的看法千篇一律，人们的工作就是追随前人的脚步。学习内容也仅限于晋升一级需要了解的知识。个人职业发展是可以预测的，人们的其他可能性少之又少。随着公司的不断改变和调整，现在人们的职业朝着许多不同的方向发展，

每一个关于成功的故事，讲述的都是不同形式、持续不断的改变。
——理查德·布兰森
（ Richard Branson ）

职业发展的线性路径已被更加流畅的路径取代。对你来说，职业发展是个性化的，是独一无二的，所以没有可以借鉴的蓝图。进步要历经许多不同的事情，从学习新技能到重新规划你的工作方式，再到成为一名经理。积极主动地追求进步，将为你的职业生涯提供更多成长、探索和发现新方向的机会。

## 进步压力与按自己的节奏前进

当你对自己的进步进行反思时，你可能会感受到我们所说的"进步压力"，一种你做得还不够好的感觉。出现这种感觉的原因，可能是因为你在社交媒体上关注的人当中，正好有人不仅在工作中取得成功，而且干起了副业，还学到了一项新技能。或者你觉得你的同龄人或朋友，至少从表面上看似乎都比你"更好"。可是，没有哪两种职业是一模一样的，而且别忘了自己向别人描述自己的进步时，都有分享自己"高光时刻"的倾向。你的进步节奏是属于自己的，在你职业生涯的不同阶段也会有所不同。当你通过本章进行自我培训时，你不应该为进步而感到任何压力，而是要因能以自己的方式向前迈进而感到欣喜若狂。

## 现成的奖励与个性化的发展

传统的职业阶梯有很多"现成的奖励"，即等级、奖金、晋升和引人瞩目的工作头衔。你可以把这些资料都收集起来，并添加到你的简历上。人们都把这些现成的奖励当作进步的信号，然而，这些奖励会给你带来误导，因为它们几乎不能让你有更好的表现。它们非但不能帮助人们不断成长和发展，反而大大降低了人们的创造力。正如康奈尔大学已故教授约翰·康德利（John Condry）所说的那样，它们是"探索的敌人"。随着时间的推移，老师、父母和管理者不断地强化人们与现成的奖励之间的关系。人们已经习惯了"如果你做了这个，就能得到那个"的思维方式。追求现成的奖励不是进步。它们可能是人们进步的结果，但也只是人们进步方式的一部分而已。

## 思维陷阱和积极提示

思维陷阱能够有效地对头脑中的某些假设进行识别，防止它们在培训过程中对你的开放和乐观态度造成干扰。

- 我得到提拔了才算进步。
- 如果我在岗位上原地不动，我就不再学习了。
- 在我职业生涯的这个阶段，我应该取得更大的进步（经验更多、薪水更高等）。
- 如果不牺牲生活的其他方面（休闲时间、照顾家庭等），我就无法取得进步。
- 我想做一些与众不同的事情，但这将意味着倒退。

从思维陷阱转到积极提示，这样你就能在自我培训的过程中对自己的假设进行解锁，并获得探索新选项以及可能性的能力。

**从**：我得到提拔了才算进步。

**到**：除了得到提拔，我在工作中可以通过哪三种方式取得进步？

从：如果我在岗位上原地不动，我就不再学习了。

到：在现有岗位上，我如何创造新机会来实现成长？

从：在我职业生涯的这个阶段，我应该取得更大的进步。

到：到目前为止，我对职业生涯中取得的成就感到自豪的是什么？

从：如果不牺牲生活的其他方面，我就无法取得进步。

到：我现在可以把时间投入哪里，以便在我觉得需要时，就能取得进步？

从：我想做一些与众不同的事情，但这将意味着倒退。

到：现在的倒退如何能帮助我在未来向前迈进？

**我的进步的思维陷阱**

**我的进步的积极提示**

## 如何针对进步进行自我培训

如果你针对进步进行自我培训，你可能会从以下的一两个想法入手："我对探索自己进步的可能性很感兴趣""我知道进步对我来说像什么，并需要一些帮助来实现它"。我们将在下文中具体探讨。

在第一部分，我们将探讨：

— 进步对你来说意味着什么。

— 如何识别许多不同的选项和机会，从而求得进步。

— 如何优先考虑当下对你来说最重要的进步。

在第二部分，我们将继续讨论你在如何取得进步上采取行动，具体包括：

— 如何为你的进步建立原型。

— 如何确保你取得进步所需的支持。

在本章结尾，《美丽的限制》（*A Beautiful Constraint*）一书的作者之一亚当·摩根（Adam Morgan）分享了当你无法取得进步时，顽强的适应性思维模式和"能–如果（can–if）"方法是如何支持你的。

## 在动机中找到意义

当人们了解自己的进步动机时，它就不再是我们觉得"应该"或"必须"做的事，而是开始变成让自己感到兴奋、给自己带来活力的事。要想弄清楚什么对你来说是有意义的，请在下面的空白处写出三个例子，说明到目前为止你在职业生涯中是如何取得进步的。然后，在每个例子旁边，写下每个经验的优点和缺点。为了对你的思考予以支持，我们在下面列出了莎拉进步的几个例子。

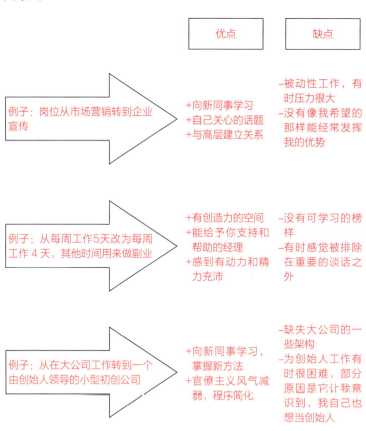

| 优点 | 缺点 |
|---|---|

例子：岗位从市场营销转到企业宣传
+向新同事学习
+自己关心的话题
+与高层建立关系

−被动性工作，有时压力很大
−没有像我希望的那样能经常发挥我的优势

例子：从每周工作5天改为每周工作4天，其他时间用来做副业
+有创造力的空间
+能给予你支持和帮助的经理
+感到有动力和精力充沛

−没有可学习的榜样
−有时感觉被排除在重要的谈话之外

例子：从在大公司工作转到一个由创始人领导的小型初创公司
+向新同事学习，掌握新方法
+官僚主义风气减弱，程序简化

−缺失大公司的一些架构
−为创始人工作有时很困难，部分原因是它让我意识到，我自己也想当创始人

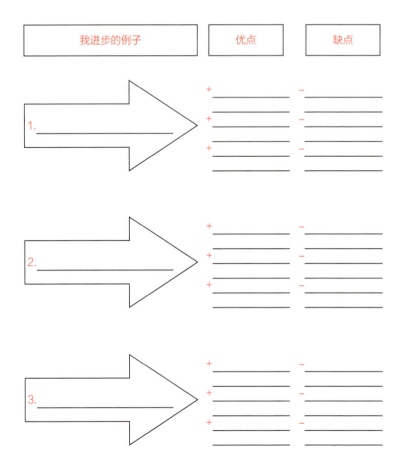

我们现在想利用你进步的例子（不要局限于三个，多多益善），来讨论一下进步为什么对你来说如此重要。为了帮助你回答这个问题，请在下面的表格中圈出当你思考这个问题时任何与你有关的词语。在你思考的过程中，你可能会想出一些对你恰如其分的新词，所以我们留出空间，你可以把这些新词添加进去。

| 进步为什么对你来说如此重要 | | | |
|---|---|---|---|
| 成功 | 自豪 | 价值 | 成绩 |
| 作用 | 效率 | 认可 | 抱负 |
| 满足 | 潜力 | 方向 | 值得 |
| 目的 | 动力 | 改善 | 成就 |
| 意义 | 地位 | 高兴 | 影响 |
| 控制 | 重要 | 学习 | 机会 |
| 成长 | | | |
| | | | |

利用你在完成上述练习时所做的笔记，考虑以下每个自我培训问题：

**哪些进步的例子对我来说最有意义？**

_____

_____

**为什么这些例子脱颖而出，成为积极的案例？**

_____

_____

**哪些进步的例子对我来说最没有意义？**

_____

_____

**为什么那些例子不像其他例子那样积极？**

_____

_____

**当我问自己进步为什么对我来说如此重要时，哪些词语与我有关？**

_____

_____

在我们继续探讨你的进步可能性之前，请使用以下声明，总结迄今为止你对进步的重要性的反思：

**进步对我如此重要是因为**

_____

_____

## 你进步的可能性

在你指导自己完成下一个练习时，尽可能多地探究你能想出的各种选项、抱负和想法。此时，不考虑任何限制，不过滤任何因素，也不顾及实用性（它们稍后会出现）。你不应该忽视明显的选项，但本练习的目的是要超越你眼前的事物进行深度思考。当你觉得山穷水尽时，不妨散散步，洗个澡，冲杯咖啡，看看放松过后，你能否产生新的想法。

## 你进步的星球

本练习是为了帮助你想象出你的职业"太阳系"中所有潜在的进步可能性。你对有些可能性可能感到很熟悉，而有些可能性则是对未知的冒险。在这个阶段，你切勿对自己的职业发展设置任何限制。

第1步：围绕"你的太阳系"，写下你能想到的各种进步的可能性。

第2步：现在你已经开始探索进步的可能性，看一眼下面的例子，看看你还想把哪些例子添加到你的职业"太阳系"中。

| 举例：进步的可能性 | | |
|---|---|---|
| 借调 | 工作重塑 | 工作再设计 |
| 学习机会 | 晋升 | 副业 |
| 工作互换 | 管理层 | 导师指导 |
| 内部项目 | 跟学 | 志愿服务 |
| 个人品牌建设 | 创建一个新角色 | 平级调动 |

## 进步的可能性：我们自己的案例

我们在下面分享了一些案例，说明我们两个人在实践中是如何取得进步的。这些进步并非是顺理成章、水到渠成的，而是通过我们自己的努力实现的，因为它们对我们和我们的职业生涯来说至关重要。这些简短的"成功"故事听起来很容易，但要想使每一个案例成为现实，还需要投入时间和创造性思维。

### 创建一个新角色

我们都参加了英国健康和美容零售商博姿（Boots）为期两年的大学实习计划。人力资源部门预先确定了一系列为期6个月的轮班工作，大学实习计划中的每个人都要参与。

莎拉看到了一个采取不同方法的机会，她与博姿公司的一家供应商进行联系，创造了一个新的轮班角色，从而扩大了她的商业经验。莎拉的方法是创新的，创造了以前不存在的进步机会。

### 平级调动

海伦加入了一家名为意昂（E.ON）的能源公司，并在入职后的3个月内进行了平级调动，进入一个与她技能和专长更为匹配的新部门。她通过与她感兴趣的部门的经理建立关系，向经理展示她的能力，以及她能对团队工作提供的支持，从而成功地调动了工作。

### 工作再设计

在英国连锁超市塞恩斯伯里（Sainsbury's）工作期间，莎拉与上司重新协商了她的工作模式，使她能够继续担任领导职务的同时，每周抽出一天时间来从事我们自己的公司"神奇的如果"（Amazing If）的业务发展。这在塞恩斯伯里超市开了先河，因为以前这种工作时间灵活的岗位主要留给需要照顾孩子的职员。莎拉制订了一个计划，说明一周工作四天如何能完成任务，如何与团队特别是与经理建立信任。

### 学习机会

在第一资本（Capital One）公司和维珍（Virgin）公司工作期间，海伦意识到当时没有其他形式的发展机会，她决心增加学习机会。她研究了能够对她职业发展提供支持的课程，创建了一个对公司的投资回报率进行概述的商业案例（这包括她通过传授学到的知识，来培训商业案例中的其他人），并向高层管理者进行游说。经过大量的沟通交流，海伦获得了足够的资金，使她能够学习各种科目，并取得了长期有助于其职业生涯发展的职业资格。

## 志愿服务

莎拉想花更多的时间支持人们的职业发展，为此，她成立了一个名为"激励"的志愿者小组。"激励"团队举办领导力活动，筹集资金支持那些贫困的、处于事业起步阶段的年轻人。这是莎拉最积极的进步例子之一。这让她有机会向不同的人学习，以新的方式发展自身优势，并增加她的影响力。

## 确定你进步的优先次序

你可能有很多不同的进步可能性，感觉很吸引人。虽然你可以同时朝一个以上的方向发展，但如果客观地认识到在某一时刻能取得多少成就，这也是一种自知之明。为了帮助你确定进步的优先次序，请思考以下两个问题：

1.你对这种进步可能性产生出什么程度的活力和兴奋感？

2.进步可能性与进步对你的重要性的匹配度如何（参考"进步为什么对我如此重要"问题的回答，可能对你有用）？

为了对你的每一种进步可能性进行比较和对比，请根据你对上述两个问题的回答，在下图上把它们标示出来。你可能在下图的某个象限标示了很多进步可能性，而在其他象限则什么也没有标示。这里是不存在"正确"答案的。

## 确定你进步的优先次序

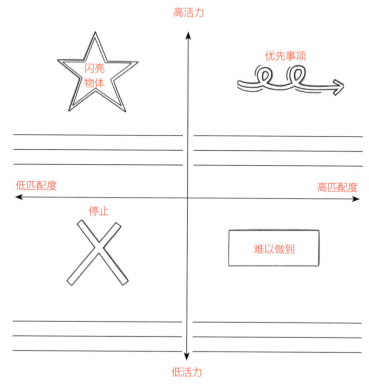

你的进步可能性在图中的位置，决定了你该对它们采取什么行动。接下来，我们将分享我们对矩阵中每个象限（优先事项、闪亮物体、停止和难以做到）的行动建议。

## 优先事项＝开始建立原型并获得支持

这些是你最有动力去进一步探索的进步机会。对你来说，它们令人兴奋、意义非凡，很可能非常适合你的未来发展方向。当海伦在微软公司工作时，她积极探索许多不同的进步可能性，其中有很多机会让她兴奋异常，也让她很难决定下一步该怎么办。只有当她静下心来思考哪些进步可能性最有意义时，她的优先事项才逐渐变得清晰起来。这让她对自己的职业生涯决定充满信心，最终她选择将自己的职业生涯转向发展我们自己的业务（她从未后悔过这个决定）。

## "闪亮"的事物=别让自己分心

晋升或资格证书等，似乎非常吸引人。为了得到这些东西，人们需要投入大量的时间和精力。然而，它们只是你职业生涯中很小的一点进步而已，与你认为有意义的事情的匹配度较低。注意不要为了追求"闪亮"的事物而过度投资，因为从中长期看，它们不太可能对你产生激励作用。莎拉的一个朋友就是个很好的例子，她拒绝了一次不能给她带来任何意义的"闪亮"的晋升机会，而是选择了一个能拓宽她经验的职位。此后，她依然被晋升的可能性所激励着，相信能在未来的某一时刻获得晋升——只是晚点而已（事实也正如她所料）。

## 停止=没有行动

你注意到这些进步机会，可能是受其他人的启发，或者是你觉得就该这么做，不过这些机会并不适合你。莎拉曾经得到了一次平级调动的机会，那可是直通主管职位的快车道。答应调动是再简单不过的事了，但她对这个机会没有感到兴奋，而且这也与她认为有意义的进步标准不符（正如我们在介绍部分所讨论的那样，感觉像是为了进步而进步），所以她选了另一个方向，虽然进步"缓慢"，但会进步得更好。

## 难以做到＝进一步探索

这些机会与你认为有意义的进步标准非常匹配，但在某种意义上，它们可能会让人紧张不安，或让你觉得很难把握，让你根本没有办法兴奋起来。通过采取措施积极探索并克服障碍，随着时间的推移，"难以做到"的进步可能性能够变成"优先事项"。我们在这里举一个很好的例子来加以佐证。海伦曾经辅导过一个人，她对可持续发展工作充满热情，现在却承担着与可持续发展截然不同的角色。她很清楚自己的发展方向，但因遥不可及而感到越来越沮丧。她们一起为她制订了一项计划，通过改变她的人际关系网、志愿服务和提高她在新领域的形象，让她离进步可能性更近些。她采取的行动越多，对进步可能性就感到越兴奋。这更加让她觉得她的额外努力是值得的，因为她正朝着适合她的方向前进。

在我们讨论本章第二部分之前，在下面写下你的两个进步优先事项：

**我的两个进步优先事项是：**

1._____

_____

2._____

_____

# 原型设计

在本章第二部分，我们重点讨论如何开始在进步优先事项上采取行动。我们将探讨如何通过原型设计，帮助你检验、学习和创造性地思考实现你所追求进步的方式。然后，我们继续讨论如何指导自己，确保你获得所需要的支持，从而使你的进步得以实现。

如果说一张图片胜过千言万语，那么一个原型就胜过千场会议。
——艾迪欧公司

当我们找不到答案或看不到眼前的完美解决方案时，借用原型设计的概念是很有用的。原型设计是你一路前行时检验和学习的方式，正如玛格丽特·赫弗南在她的《秘境探险》一书中所建议的那样，在一个不断变化的世界中，人们都需要对自己想要创造的未来进行原型设计。

在这个练习中，事先准备好一些便利贴非常有用，或者你可以尝试使用在线白板。当你为自己的进步建立原型时，重要的是考虑为什么这种进步可能性对你很重要。当你思考"为什么它们很重要"和"自己究竟想要什么"两个问题时，你会产生更多的想法。所有想法都是有价值的，只是其中某些想法更能帮助你接近你想要的目标。在接下来的几页中，我们举了几个例子来说明如何为你的进步优先事项建立原型，此外还提供了一个空白的例子，方便你在这本书上涂鸦练习。

这个过程有以下三个步骤：

第1步：什么——写下你的进步优先事项。

第2步：为什么——写下为什么这种进步对你很重要。

第3步：怎么办——写下你可以对你的进步进行原型设计的所有方法。

## 对你的进步进行原型设计的例子1：成为一名经理

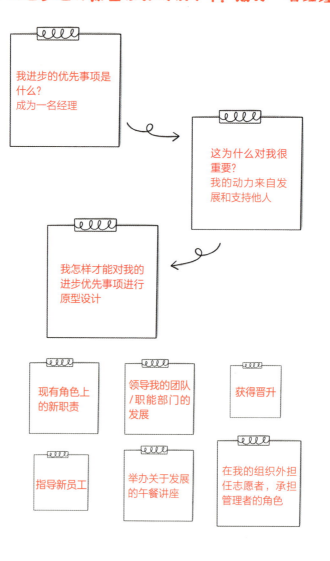

# 对你的进步进行原型设计的例子2：每周工作4天

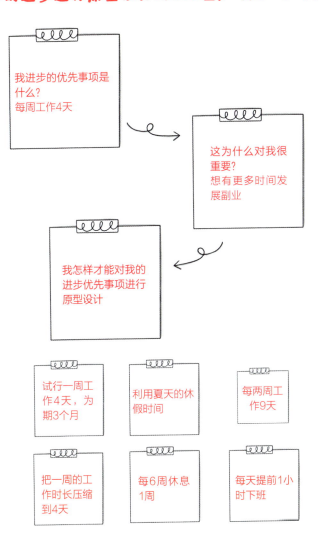

我进步的优先事项是什么？
每周工作4天

这为什么对我很重要？
想有更多时间发展副业

我怎样才能对我的进步优先事项进行原型设计

试行一周工作4天，为期3个月

利用夏天的休假时间

每两周工作9天

把一周的工作时长压缩到4天

每6周休息1周

每天提前1小时下班

## 对你的进步进行原型设计

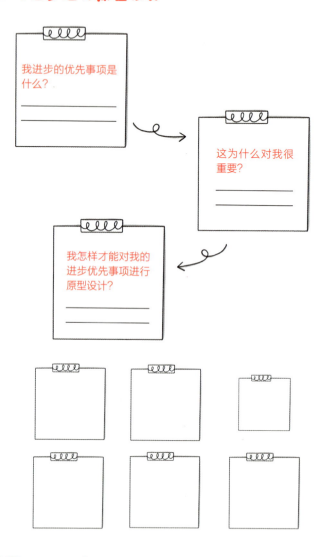

## 得到别人的支持

要想取得进步，得到别人对你的支持也非常关键。别人对你的支持方式也是多种多样的：经理为你辩护；家人答应照看孩子，这样你就有时间专心学习；或者也许找到你想与之共享工作的人。你把自己需要得到的支持描述得越具体，你提出的请求就越有意义。考虑一下别人可能想要支持你的原因，对你也非常有益。想想如果你进步了，他们能得到点什么，这样的话，你提出的请求就更容易让别人感同身受，他们就不会有任何反对意见了。对经理来说，你得到进步了，会为团队带来新的知识和技能；对导师来说，由于他们帮助你实现了雄心壮志，这可能让他们的自豪感油然而生；对家人来说，可能是看到你提升了幸福感，或者是看到你最终找到了适合自己的工作和生活方式。

先使用下面的表格，想想你想从谁那里得到支持，他们会如何支持你，以及他们为什么有动力向你提供你需要的支持。

| 我的进步优先事项<br>例如：从营销部门平调到销售部门 | | |
| --- | --- | --- |
| 我想从谁那里得到支持 | 他们会如何支持我 | 他们为什么会支持我 |
| 例如：经理 | 例如：把我介绍给他们销售部门的同行 | 例如：改善跨职能部门间的关系 |
| | | |

我们分享了3种不同的行动理念，这样你就能得到进步所需的支持了。

### 行动理念：众人拾柴火焰高

对于如何取得进步，你无须自己想出所有的办法。对于那些你想从他们那里得到支持的人，如果在原型设计过程中就让他们参与进来的话，他们会更加感觉到在你进步的过程中，他们是被你需要的，是发挥了作用的。他们也可能有你不知道的新想法，或者把你介绍给其他人，而这些人也能为你提供支持。

### 行动理念：只有你先投入了，别人才会帮助你

如果你能证明你致力于自己的进步，你就会得到更多的支持。如果你已经开始探索着追求进步，并迈出了一小步时，这就等于向世人表明，你是通过他们的支持填补了自己知识和专长的空白，而不是让他们给你当苦力。

### 行动理念：对拒绝做出回应

有时，你的进步不可能按照你所希望的方式进行。你申请的晋升泡汤了；课程资金没有得到落实；让你感到兴奋的借调没办成；你的角色没有进行再设计，从而更好地发挥你的优势。这种情况会发生在我们每个人身上，例如，莎拉在她的职业生涯中申请过一次岗位晋升，但第一次并没有成功。

如果你的进步未按预期进行，那就问自己下面的3个自我培训问题：

### 我从说"不"中学到了什么？

_____

_____

**我怎样才能以不同的方式探索我的进步优先事项，同时又能给我带来活力和意义？**

_____

_____

**谁能够支持我发现以前未曾考虑过的，对我的进步进行原型设计的新方式？**

_____

_____

　　如果没有按照你希望的方式取得进步，你也不用非得重新启动一个新的优先事项。也许时间长了，你的进步就自然而然地实现了。或者你可以找到另一条路来达到目的，我们的专家接下来将帮助你探索这可能是什么样子。你可能会选择暂停一个优先事项，而把精力集中在另一个进步领域，直到时机成熟时，再重新审视被暂停的优先事项。追求一个优先事项绝不是浪费时间，而是花时间练习一种技能，这对你余下的职业生涯非常有用。

## 向我们的专家——亚当·摩根提问

　　约束也可以是美好的。我们与其将它们视作不受欢迎的限制，倒不如选择利用它们作为探索某种新事物的动力，进而实现突破——不是克服约束而取得了突破，而恰恰是因为约束才取得了突破。

　　**培训问题：** 我很想在我的组织中晋升到更高的职位，但目前没有机会，所以我觉得除了离开别无他法（其实我也不想这样做）。我不知道接下来该怎么办。你有什么建议吗？

专家回答：这是我们许多人在职业生涯的某个时刻都会遇到的约束：在追求进步的过程中，是坚持还是改变，这的确是一个棘手的难题。面对约束时，我们会有以下三种反应：

1.受害者：在这种情况下，为了应对约束，我们会降低自己的雄心。

2.中和者：我们的雄心保持不变，但找到另一种方式来达到目的。

3.转变者：我们把约束作为动力，退一步重新思考这里的潜在机会，甚至可能会提高我们对结果质量的雄心。

这三种反应的有趣之处在于，它们代表的不是三种不同类型的人，而是三个阶段，即使是才华横溢和经验丰富的人也都会经历这三个阶段。每个人都得先从受害者开始，我们应该认识到，最初经历受害者这个阶段是再自然不过的事情了。但是，如果我们以顽强的适应性思维模式和能够取得进步的"能－如果"方法来处理约束，我们就有可能从受害者变成转变者。

### 顽强的适应性思维模式

特别擅长把约束转变为发展可能的人，就具有顽强的适应性。他们知道什么该坚持，什么该放手。如果你的进步优先事项是获得晋升，你可能会面临"现在不行"而不是"永远不行"的场景。这种挑战更像是一种强加在你身上的等待。在这种场景下，我们需要决定我们的目标是否值得等待，我想进一步挑战你，考虑如何让这种"等待"变成发生在你身上的最好的事情（在你的职业生涯中）——你怎样才能真正使这种约束变得美好。

### "能-如果"方法

"能-如果"是科林·凯利（Colin Kelly）创造的一种技巧：它意味着，当你思考一个挑战的潜在解决方案时，无论这个挑战有多么难，你都不允许自己（或其他人）以"我不能这样做，因为……"的句子开头，你必须以"我能这样做，如果……"的句子开头。遇到约束时，使用"能-如果"这种表述有助于你保持乐观和开放的态度。它们引导你从"不能"和对世界的固定看法（只看到壁垒和障碍）（我不能，因为……），转变为积极的、基于发展可能的观点（寻找机会，无论多么出乎意料）（我能，如果……）。"能-如果"所创造的解决方案往往会产生意想不到的好处，而如果没有约束因素的出现，这些好处是不会落在你身上的。以下是一些例子，说明针对进入更高的职位这一特定场景，"能-如果"方法是如何发挥作用的。

⤷ 我能在这方面取得进步，如果我制订自己的跟学计划，并向公司内外尽可能多的高层人士学习（他们也可能成为我的赞助人）。

意想不到的好处：等我晋升时，我将在新岗位上拥有更强大和更有力的人际关系支持网。

⤷ 我能在这方面取得进步，如果我把这段时间看成自己在充满自信的工作中练习领导力技能的机会。

意想不到的好处：等我晋升时，我将在新岗位上更加自信，工作成效明显，也许压力更小。

⤷ 我能在这方面取得进步，如果我引入"未来任务"的构想，其中可能包括去我们的一个客户或供应商那里工作一年时间。

意想不到的好处：等我晋升时，我将在新岗位上更有权威，对业务更加熟悉。

在上述每一个"我能，如果……"的例子中，用"等待"时间换来的不仅是将来更高的职位，还会为你提供一个比你最初预想的更有影响力的机会。如果你以正确的思维模式和方法对待职业约束因素，你可能会发现自己后来取得的进步甚至比最初设想的还要大。祝你好运——在约束中寻找机会并不容易，这是一个能力培育问题，而非天性使然。我相信，通过实践，我们每个人都能学会怎么做。

## 做自己的教练

你可以使用COACH工具，将自己对于本章内容的见解和思考整合在一起，从而用它们来解决某项你此刻正面临的职业生涯的困难。花时间用COACH整理自己的想法，能帮助你进一步明确自己的行动，增加你的自信，并找出你需要的支持。

---

COACH

清晰 —— 你的自我培训挑战是什么？

选项 —— 你可以尝试哪些选项？

行动 —— 你准备采取什么行动？

信心 —— 你对上述行动有多少信心？

帮助 —— 你需要什么帮助来应对这一挑战？

---

# 总 结

| 进步：充满激情地向前迈进 |
|---|

我们勇往直前，打开新的大门，尝试新的事物，因为我们好奇……好奇心带领我们踏上新的道路。

——华特·迪士尼

**为什么要进行自我培训**

积极主动地追求进步，将增加你的选项和机会。

把进步的密码掌握在自己手中，就会增加你对职业生涯的控制权，并使你在成长过程中减少对他人的依赖。

**自我培训概念**

**进步的可能性**：识别和探索让你在职业生涯中发掘进步的不同方向和方式。

**进步原型设计**：采取检验＋学习的方法，探索对你有激励作用的可能性。

| 培训工具 |
|---|

## 进步可能性

## 确定进步的优先次序

## 进步原型设计

续表

**自我培训问题**

1.为什么进步对我有激励作用？

2.我可以探索进步的哪些选项？

3.我怎样才能向别人暗示我为了追求进步所需的支持？

4.怎样把我的约束因素变成优势？

5.本周我可以采取一项什么行动来开始取得进步？

行动不见得一定带来快乐，但没有行动就没有快乐。

——本杰明·迪斯雷利

（Benjamin Disraeli）

# 第7章

# 目的

CHAPTER 7

我坚信，我们所有人都必须找到工作的意义。
当你认为你不仅仅是在工作，而是在改进他人
的生活时，你才能更好地完成工作。

——萨蒂亚·纳德拉（Satya Nadella）

# 你如何培养方向感并做有意义的工作

## 目的：为什么要进行自我培训

1.在工作中找到目的，会增加人们对生活的长期满足感，并提升人们当下在工作中的效率和投入度。

2.在蜿蜒曲折的职业生涯中，工作目的的存在能够带给人们方向感以及愿意不断为之努力进步的意义。

## 从工作中找到目的

人们能从许多地方找到目的：他们的人际关系、业余爱好、职业、健康和信仰。当人们的生活有了目的感后，人们的整体健康状况就会得到改善，甚至平均寿命也会延长。美国的一项研究发现，当被问及是什么使生活变得有意义时，继家庭之后，职业排在第二位。对大多数人来说，工作是生活意义的重要来源之一，也是身份的重要组成部分。

丹尼尔·M.凯布尔在他的《激活：如何让团队跑起来》

幸福并非源于轻松的工作，而是源于全力以赴地完成一项艰巨任务后，对满足感的回味。
——西奥多·鲁宾
（Theodore Rubin）

（*Alive at Work*）一书中描述了工作有目的和生活更快乐之间的关系。研究人员还发现，如果人们在工作中朝着目的取得进步，就会产生幸福感。这是人们从"美好生活"中感受到的长期满足感。有目的的工作产生的积极影响，也会在人们的日常工作经历中体现出来。麦肯锡（McKinsey）公司在2020年的研究中发现，在工作中践行其目的的人，更有可能保持和提高他们的效率。与没有工作目的的人相比，他们对工作的投入度和幸福感更高。

指导自己找到工作的目的，不是说你每天的工作都会很轻松，甚至很愉快，而是说你一路前行经历的艰辛工作、不可避免的压力和妥协，是值得的，是有意义的。

## 方向感

有人知道我们要去哪里吗？没有人知道——但我希望我们到了那里之后会很好。

——莎拉的行李牌

虽然比较天真率直的人，可能觉得按照莎拉行李牌上的话过日子也很舒服惬意，但职业生涯对我们而言实在是太重要了。我们为创作播客和撰写书籍采访了许多鼓舞人心的人，经常会听到他们说他们没有什么职业规划，甚至对他们的成绩表示惊讶。不过，我们注意到的是，当你深入挖掘时，就会发现这些人都有一个共同点：他们都有掌控职业生涯的方向感。这个方向感促使他们决定接下来去哪里和做什么（或不做什么），同时帮助他们应对前进道路上不可避免的致命弯道，也意味着他们正在做对自己有意义的工作。

## 什么是目的？

在过去几年里，目的的概念在个人和组织中都非常流行。在我们看来，这导致对目的的含义产生了一些无益的解释，从老生常谈的职业建议"做你喜欢做的事"到组织采用的无关痛痒的目的声明。目

有意义的职业没有单一的蓝图。

——罗曼·克兹纳里奇（Roman Krznaric）

的不是办公室墙上或闪亮屏保上的文字，而是你的北极星。它会指导你进行决策，让你对自己的前进方向充满信心。花时间进行目的探索的最好理由往往是那些切实可行的事项。你会对自己的职业生涯做出更好的决定，每天花更多的时间做对你有意义的工作，无论是现在还是将来，都会更有成就感。

## 目的的原则

我们把目的定义为：在职业生涯中有方向感，做你认为有意义的工作。当你开始通过本章进行自我培训时，需要考虑目的的3条原则，还得提防一个注意事项：

1.是方向而非终点。

探索而不一定能到达终点；寻找而不一定能找到答案；为了旅程而迷失在旅途中。

——克拉丽莎·塞巴格—蒙蒂菲奥里（Clarissa Sebag-Montefiore）

2.是雄心而非答案。

3.是正在进行的工作而非追求完美。

### 是方向而非终点

目的不是你可以在待办事项清单上打钩的事这么简单，你永远也没有机会说"这里的活我干完了"。目的是你前进的方向，而非你到达的终点。

### 是雄心而非答案

目的是雄心，而非需要你回答或实现的事情。你无须被今天的位置或过去的成就所桎梏。

### 是正在进行的工作而非追求完美

世上就不存在完美的目的，随着职业阅历的增加和自我意识的提高，你的方向可能也会相应地发生变化。当乌云散去，你的目的在灵感的闪电中完全形成时，你不需要给自己施加压力，让自己体会到恍然大悟的那一刻。你的目的总是在进行中，而非完美。

## 提防目的焦虑症

对目的的寻求可能会导致拉里萨·雷尼（Larissa Rainey）所说的"目的焦虑症"。这种焦虑症会在两个不同的阶段出现，要么是在你努力发现目的究竟是什么的时候，要么是在努力实现目的的时候（我们将在本章中讨论这两个主题）。患有目的焦虑症后，会出现压力、担忧、沮丧或恐惧的感觉。在雷尼的研究中，91%的参与者承认他们曾在生命的某个时刻患有目的焦虑症。当你通过寻找和实现工作目标来进行自我培训时，要注意自己的感受。如果你忍受着焦虑，要明白这是个必经过程，你正好可以借机短暂休息几天，或者这可能是向你发出了有益提示，该是你与导师进行对话的时候了（我们在本章第二部分谈到了一个行动理念）。

> 先放弃"找到"你的目的的想法。它不在失物招领处，而在你的意识中，所以第一步是回忆那些给你带来极乐、舒适和轻松的时刻。那是你的目的的核心所在。
>
> 当你与这些时刻和感觉联系起来时，问问自己，我在哪里？我和谁在一起？我在做什么/说什么？现在，把它们写下来，然后寻找共同点。你倾听得越多，把清单做得越完善，你的目的就会变得越清晰。
>
> ——娜塔莉·坎贝尔（Natalie Campbell）

## 思维陷阱和积极提示

思维陷阱能够有效地对头脑中的某些假设进行识别，防止它们在培训过程中对你的开放和乐观态度造成干扰。

- 我的目的与组织目的不一致。
- 我赚不到足够的钱，也没有工作目的。

    ~~ 为了找到目的，我得为慈善机构或公益事业工作。

    ~~ 对我来说，现在换个方向去做更有意义的事情已经太晚了。

    ~~ 我工作就是为了赚钱，根本不需要工作目的。


    对上述思维陷阱进行表达上的重构、使之成为积极提示，这样你就能在自我培训的过程中对自己的假设进行解锁，并获得探索新选项以及可能性的能力。

    从：我的目的与组织目的不一致。

    到：我在组织之外还能探索哪些其他机会（副业、志愿服务、公益事业），以便在我的目标方向取得进展？


    从：我赚不到足够的钱，也没有工作目的。

    到：谁能把赚"足够的钱"和工作目的结合起来？


    从：为了找到目的，我得为慈善机构或公益事业工作。

    到：除了慈善机构和慈善家，还有哪些组织和个人能对世界产生积极的影响？


    从：对我来说，现在换个方向去做更有意义的事情已经太晚了。

    到：我现在能采取哪些小措施，让我的工作更有意义？


    从：我工作就是为了赚钱，根本不需要工作目的。

到：如果我能在赚钱的基础上考虑工作目的，我会得到什么好处呢？

**我的目的的思维陷阱**

**我的目的的积极提示**

## 如何针对目的进行自我培训

我们通过本章的这一节，想让你对自己的目的有切实可行的了解。我们将支持你了解什么方向对你的职业生涯有激励作用，以及如何做更有意义的工作。

在第一部分，我们将讨论：

- 如何使用不同的思维导图工具来探索你的目的。
- 如何创建你进行中的工作目的声明。

在第二部分，我们将重点讨论：

- 如何使用我们的"意义表"，确定你今天的工作意义。
- 如何通过发挥自己的优势，找到与组织契合的目的，并增加你对他人的积极影响，从而最大限度地增加让你感到有意义的时刻。

本章最后的一个练习叫作"创造最好的自己"，你可以在这里把自己所有的洞察力都汇集在一起。在本章结尾，伦敦商学院教授丹尼尔·M.凯布尔告诉我们，当寻找我们的目的时，为什么追随你的"水疱"形容困扰着你——甚至让你有点疼痛——但你又不得不关注的事物。比追随你的激情是更为有用的建议。

## 探索我的目的

### 目的的思维导图

　　大多数人都没有花很多时间去思考自己的目的，所以本练习就是为了让你开始思考而设计的。使用下面的思维导图，写下你对每个问题的回答。我们建议你把这个练习至少做两遍。如果你现在有时间，那就把回答每个问题时映入脑海的第一个想法记下来。这些都是"重大"问题，你需要花些时间深思熟虑。如果可以的话，把你的思维导图放在一个你能在未来几周内经常看到的地方，这样你就能继续捕捉脑海中闪现的新想法和新见解。即使在一天内把练习做两遍，它带来的变化也是相当惊人的。

## 目的的思维导图

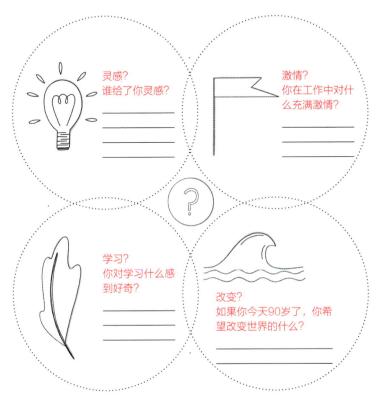

灵感?
谁给了你灵感?
——————————————
——————————————
——————————————

激情?
你在工作中对什么充满激情?
——————————————
——————————————

?

学习?
你对学习什么感到好奇?
——————————————
——————————————
——————————————

改变?
如果你今天90岁了,你希望改变世界的什么?
——————————————
——————————————

现在你已经完成了自己的思维导图,问自己以下两个自我培训问题:

**想起我的目的时,会让我产生什么感觉?**

————————————————————————————

**我对自己的回答注意到了什么?**

————————————————————————————

现在重新审视你在思维导图中回答的每一个问题，然后问自己一个"为什么"进行自我培训的问题，例如：

**为什么这对我来说至关重要？**

此刻，你可能会在反思过程中发现一些一致的主题，或者你可能会觉得陷入困境了，认为你的思维导图只是一个随机的文字集合而已，没有什么意义。如果你在这个阶段感到挣扎，请不要惊慌失措，因为这些问题的确不太好回答。你可以参考接下来的两个行动理念，换个角度来思考你的目的。

**行动理念：你的悲观目的**

与其问自己许多关于你的目的是什么的问题，不如开始问目的不是什么来得更容易些。要做到这一点，问自己以下自我培训问题：

**什么让我对自己所做的工作感到沮丧？**

**谁惹我生气了？**

**我对工作的哪些方面感到厌烦？**

**快进到未来，我现在90岁了。世界上还有什么一成不变**

## 的东西，让我感到失望至极？

探索那些让你感到毫无目的性的领域，从而对自己的目的有一个清晰的了解，这是一次情感宣泄的体验。现在，你对你的目的的大致轮廓已有一些了解了，试着再次重复目的的思维导图练习，看看是否会让你产生新见解，然后把它们记下来。

### 行动理念：你猜怎么着？

从思考你自己的问题中暂时抽身出来，花些心思看看别人的世界，是很管用的。这个练习既妙趣横生又鼓舞人心，鼓励你想想别人的目的可能是什么。同时，你可能会发现它有助于进一步拓宽自己的思路。玩"你猜怎么着"有三个简单的步骤：

1.挑选五名激励你且公开分享其作品的人。

2.花些时间阅读、观看或聆听他们的作品。

3.想象一下（或甚至写下来）他们的目的思维导图可能是什么样的。

如果你需要一些帮助才能开始的话，我们在下面列出了激励我们的五个人的姓名：

1.布琳·布朗（Brené Brown）；

2.英德拉·诺伊（Indra Nooyi）；

3.杰辛达·阿德恩（Jacinda Ardern）；

4.马库斯·拉什福德（Marcus Rashford）；

5.格雷森·佩里（Grayson Perry）。

## 进行中的工作目的声明

我们现在要用你的思维导图，来创建你进行中的工作目的声明。此刻，你的目的不是要精心制作完美无缺的目的声明，而是要尝试各种不同的声明，看看哪个声明最激励人心和最令人难忘。在你开始之前，请尝试完成下面的每一个句子：

我工作是为了

_____

我的工作对我最重要的是

_____

当我睡觉时，我会为这天感到高兴，如果

_____

我会在推特上这样描述我工作的原因

_____

这里有几个进行中的工作目的声明的例子，出自在我们的研讨会上尝试过这种练习的人之手。

解决对许多人有积极影响的问题。
——罗布·乔治（Rob George）：麦考尔公司（McColl's）客户主管
帮助别人感受到他们的最佳状态。
——凯瑟琳·埃利斯（Katherine Ellis）："反思美容医疗"（Reflections Beauty Therapy）总裁

激励并带来改变，一次一个人。

——多米尼克·伯杰尔斯（ Dominique Bergiers ）：李维·施特劳斯公司（ Levi Strauss & Co. ）学习和发展经理

## 我的进行中的工作目的声明

我们建议你在整个职业生涯的相关节点，重温本章的第一部分。在第二部分，我们将重点转移到如何朝着你的目的方向取得进展，并做更有意义的工作。

## 朝着你的目的方向取得进展

为了朝着你的目的方向取得进展，我们需要将你工作的原因与你每天所做的事情联系起来。知道了我们想要去的方向，却没有取得进展，最好的情况是让我们感到沮丧，最坏的情况是让我们失去动力。在第二部分，我们将支持你用三种方式进行自我培训。

让你的工作与你的目的相一致。
——达·芬奇

1.确定你今天的工作有多少意义。

2.考虑怎样在你的工作中找到更多有意义的时刻。

3.评估你的目的与组织之间的契合度。

## 你的"意义表"

工作很少是百分之百的有意义或百分之百的没有意义。大多数人的工作意义，都处于二者之间。你先要从直觉上确定，今天你的工作在从没有意义到有意义标尺上所处的位置。

如果在0—100%的范围内赋值，你觉得自己今天的工作有多少意义呢？

1                                            100%

现在，考虑一下以下两个自我培训问题：

**我觉得我目前工作的哪个方面最有意义？**

_____

**我觉得我目前工作的哪个方面最没有意义？**

_____

### 行动理念：跟踪你工作中有意义的时刻

你也可以在每天结束时做一遍上面的练习，坚持做一周甚至一个月。这将有助于你跟踪工作意义值的变化情况，并具体确定让你的工作意义值上升或下降的原因。无论你的工作意义值在"意义表"上处于什么位置，我们都有改进的空间。下一个练习将帮助你考虑，如何在今天的工作中最大限度地增加让你感到有意义的时刻。

## 最大限度地增加让你感到有意义的时刻

为了增加你工作的意义，你可以在三个相关的领域进行自我培训：

1.发挥你的优势来追求你的目的。

2.找到与组织契合的目的。

3.了解你对他人的积极影响。

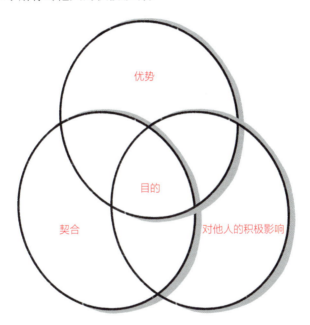

## 你的优势

你的优势是你处于最佳状态时表现出来的，它们是你最拿手的事情，能给你带来活力。优势是包罗万象的，从倾听到编码，从解决问题到文案写作。当你知道自己的优势，并利用它们来追求你的目的时，就会觉得自己的工作是激励人心的，是有意义的。请通过下面的优势聚光灯和为你的频率加油两个练习，让你的优势显露出来，并了解你对它们的利用程度。

## 优势聚光灯

反思你过去几个月的工作，记下三个你的一个或多个优势受到别人关注的例子。这些聚光灯下的时刻很可能是你在享受工作，你的优势脱颖而出的时候。尽可能详细地描述这些聚光灯下的时刻——你和谁在一起工作，你在忙什么，你在哪里工作。

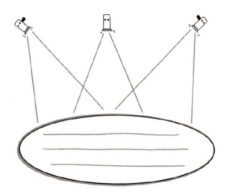

如果你在确定你的优势方面感到有点困难，我们建议你收听我们"曲折的职业道路"播客第27集〔《找出你的优势》（*Finding Out Your Strengths*）〕和第122集〔《如何使你的优势脱颖而出》（*How to Make Your Strengths Stand Out*）〕。

### 为你的频率加油

完成下面的表格，反思一下你在工作中，为了取得进展，在多大程度上利用了自己的优势。

| 把你的目的和优势联系起来 | |
|---|---|
| 我的进行中的工作目的： | |
| 我的三个优势 | 我在追求自己的目的时，利用每个优势的频率（每天、每周、每月、偶尔、从不） |
| 1. | |
| 2. | |
| 3. | |

你现在可以利用从上述练习中获得的答案，确定为你的频率加油的方法。例如，如果你目前仅仅是偶尔利用自己的优势，你怎样把它改为每月利用一次呢？如果你从未利用过自己的优势，你怎样才能改为偶尔利用呢？我们在下面分享一个行动理念，以支持你经常利用自己的优势，朝着你的目的方向取得进展。

### 行动理念：找到你的"意义导师"

"意义导师"能把对你的目的的理解、对你的优势的洞察力，以及帮你发现和把握机会以取得进展的能力结合在一起。当你感到与你的目的脱节或不知道下一步该做什么时，"意义导师"会向你展示可能的艺术，并激励你采取行动。

我们这里举莎拉把营销学院（The Marketing Academy）创始人兼首席执行官希瑞林·夏克尔（Sherilyn Shackell）的交流作为"意义导师"的一个例子。当莎拉开始探索她进行中的工作目的，即帮助别人规划他们的职业生涯时，她感到畏首畏尾，不知道该从哪里下手。于是，她便向夏克尔征求向前迈进的建议。夏克尔对莎拉而言是个很能提供帮助的导师，因为她对莎拉的优势了如指掌，对支持人们的发展有着与莎拉一样的热情，并有一个强大的人际关系网。多年来，夏克尔慷慨地付出时间，利用她的联系圈来帮助莎拉。相应地，莎拉能够发现更多利用自身优势来追求目的的机会，并为她的工作平添了意义感。

要想找到自己的"意义导师"，先想到符合下列条件的人：

- 了解你的长处。
- 理解你的目的。
- 能够帮助你朝着你的目的方向取得进展。

他们可能包括前任经理、你通过人际关系网认识的人或与你有联系的同事。你可以向他们征询一下他们的想法和观点，看看如何利用你的优势来帮助你实现目的。如果你羞于找人帮忙，可以尝试阅读我们在"韧性"这章向专家提问的部分，卡加·奥德瑞针对求助的艺术和导师的重要性，分享了一些智慧箴言。

## 找到与组织契合的目的

就算公司是你自己的，你的目的也不会与组织的目的一模一样。然而，当你前进的方向和组织想要实现的目标之间有密切联系时，你就更有可能在工作中朝着你的目的方向取得进展。

#### 找到与组织契合的目的需要回答的 5 个问题

为了了解你和组织的目的之间的契合度，请完成下面的调查问卷。你对这些问题的回答，将帮助你确定今天还有哪些差距，而自我培训问题将支持你弥补这些差距。当你对未来的角色做出决策时，回过头来再重温这些问题也颇有裨益，因为这将促使你把目的契合度纳入决策标准。

## 什么是与组织契合的目的？

第1题 你知道你所在组织的目的吗？

A.不知道

B.知道一些

C.全部知道

第2题 下面的四张图中，哪张图最能反映你与组织目的之间的联系？

A.没有重叠　B.有些重叠　C.适度重叠　　D.几乎一体

第3题 你每天把多少时间投入工作中？

A.少于10%

B.10%—30%

C.30%—60%

D.60%—90%

E.90%以上

第4题 如果你的组织即将解散，你会有什么感觉？

A.这一天终于到了，感觉很好

B.对自己和同事的前途感到担忧，但并不惊讶

C.感到震惊和悲伤——我认为我们做的事情应该有积极影响

D.想办法继续工作，因为工作对我来说非常重要

第5题 你得到了持有所在组织部分股权的机会，你会做出何种反应？

A.不，谢谢

B.也许会考虑，但前提是先把我的一些担忧排除

C.我有一些问题，但我一定会考虑的

D.好的，请问我在哪里签字

得分规则

A 0分　B 1分　C 2分　D 3分　E 4分

总分：

0—4分：艰难时刻。你的得分表明，你与你的组织之间没有关联。这可能意味着，是时候考虑做出改变了。

**自我培训问题 在我的日常工作之外，我可以着手开始或加入什么，让我有机会在我的目的上取得进展（志愿服务、副业、业余爱好和竞选）？**

5—8分：改进余地。你感到与你的组织关联有限，但仍有很多改进的机会。

**自我培训问题 我怎样才能更多地了解我的组织的目的？比如：我能进行哪些好奇心对话？我能与哪些团队相处？我能读什么书？**

9—12分：进展良好。你与你的组织有良好的关联性，但肯定有增强这种关联的机会。

自我培训问题 我可以与组织中的哪些人建立联系，而他们会成为我潜在的"意义导师"（提醒：可参阅前面的练习）？

13分及以上：几近完美。棒极了!你工作的原因和组织存在的原因之间具有很强的关联性。

**自我培训问题 我怎样才能支持其他人建立和我一样的强关联（这可能是支持我的团队、组织或行业）？**

## 你对他人的积极影响

### 助人为乐

帮助别人就是帮助自己。每次帮助别人时，无论帮的忙有多小，人们都会从中受益。这是人们从给予和善举中获得的自然的快乐，因为做好事之后，人们的身体会释放出令人愉悦的物质。

人们在工作中，都有机会去帮助他人，并对他人产生积极影响。有时，人们只是忽略了自己的影响力，或者需要更有意识地考虑它。同样重要的是要认识到，帮助别人并不等同于无私。正如亚当·格兰特在他的《给予和索取》

回报会给你自己和你所帮助的人都带来好处，因为给予让你找到了自己的目的。当你拥有了由目的驱动的生活，你就会成为一个更加快乐的人。

——戈尔迪·霍恩
（Goldie Hawn）

一书中所指出的那样，最成功的给予者是那些愿意多付出、少索取，但同时不忘自己利益的人。接下来的几个培训练习，将帮助你完成两件事情：

1.认识到你今天对他人的积极影响。

2.确定你如何增加对他人的影响，以便在你的目的上取得进展。

### 你今天对他人的积极影响

我们想先支持你意识到并欣赏你此刻对他人的积极影响。

1.回顾一下你一周的工作，列出五个与你相处时间最多的人（使用下面的表格）。

2.按照高、中和低三个等级，评定你对每个人的积极影响程度。

3.记下能够说明你对每个人的积极影响是如何表现出来的任

何例子。

4.回答下表中的自我培训问题，反思一下你对谁的影响最大，对谁的影响最小。

| 我今天对他人的积极影响 | | |
|---|---|---|
| 五个与我相处时间最多的人 | 我今天对他人的积极影响（高、中和低） | 我对每个人的积极影响是如何表现出来的 |
| 例如：布里妮（Bryony） | 例如：中 | 帮助她排除/解决一周内突然出现的任何问题 |
| 1 | | |
| 2 | | |
| 3 | | |
| 4 | | |
| 5 | | |
| 自我培训问题 我对谁的积极影响最大，为什么？ | | |
| 自我培训问题 我对谁的积极影响最小，为什么？ | | |
| 自我培训问题 我在哪里能发现增加我的影响的机会？ | | |

### 行动理念：他人对你影响的见解

该行动理念将帮助你了解，他人是如何看待你所产生的影响的。你可能会惊讶地发现，你对有些人产生的影响比你自己认为的还要大。或者，你以为你产生的积极影响来源于你所做的工作，但它更多的是来自你的一种行为——例如，你的倾听技巧。你可以通过任何你认为合适的方式来收集这些见解，也可以通过喝杯茶或即时信息等非正式的方式收集，特别是如果你早已和某个人关系不错的话。如果你想采用更有条理的方式，我们在下面举了几个例子，向你展示如何请他人说出对你影响的见解。

**对与你共事的人**：现在，我们在这个项目上已经合作了一段时间，我很想知道我做得怎么样。你能和我分享一下，你觉得我在哪里对项目产生了最为积极的影响吗？

**对你的经理**：当你觉得我对团队的其他成员产生了积极影响时，你的观点是什么？

## 把你的目的和你影响的人之间的点连接起来

增加你有意义时刻的最简单易行的方法，就是通过你早已认识的人和你已经从事的工作，来提高你的积极影响。不过，这是否会帮助你朝着目的方向取得进展，取决于你和组织目的之间的契合程度如何。接下来的练习旨在将我们一直在共同探索的两个概念联系起来：你对他人的积极影响和朝着你的目的方向取得进展。

看看下面的图，想想与你进行中的工作目的有联系的不同地方，以及你可以支持和与之相处的人。如果你不确定怎样才能为一个团体提供支持和帮助，也不要气馁和灰心。我们往往只有了解他们之后，才会发现他们需要什么帮助。只要你带着"给予"的思维模式去参加一个团体，你就有信心找到对他人产生积极影响的方法。我们提出了几个让你行动起来的建议，并留出了一些空白的圆圈，你可以把自己的想法写上去。

## 把你进行中的工作目的和对他人的积极影响之间的点连接起来

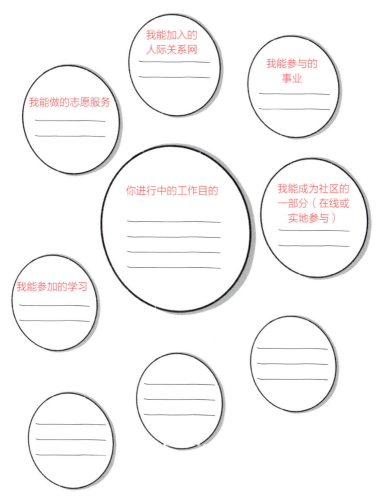

现在，对你的这些连接点进行反思后，回答以下自我培训问

题，看看接下来该怎么办。

## 哪个点最适合我马上去探索?

_____

## 我对哪个点感到最兴奋?

_____

## 我现在该采取什么行动?

_____

在本章第二部分，你针对工作的意义，通过发挥你的优势、与组织目的相契合和对他人的影响，最大限度地增加了让你感到有意义的时刻，并进行了自我培训。本章还有最后一个练习——"创造最好的自己"，你可以用它来反思到目前为止你对目的的所有见解和行动，并把它们都汇集在一起。

### 创造最好的自己

我们设计最后一个练习的目的，是让你把对激励你的方向和你觉得有意义的工作的见解都汇集在一起。这有点像创造一个虚拟的工作角色，但不是从一个组织和一个角色的需要开始，而是从你和你如何能达到最佳状态开始。如果让你马上创建最好的自己的档案，你可能感到是遥不可及的事情。但是，用笔和纸写下你的工作可能是什么样的，也会产生巨大的力量。它可以帮助我们集中精力，发现机会和采取行动，使之离成为现实更近一步。完成这个练习后，在日程表上做个记录，6个月后再回过头来看看你取得了什么进展。你要么会对所取得的进展感到惊讶不已，要么一切照旧，如果是后者，就等于向你发出有效提示，你也许该考虑换种做事风格了。

---

创造最好的自己：_____
（你的姓名）

职位名称：_____
（今天不一定存在）

我工作是为了_____
（选你最喜欢的进行中的工作目的）

我因为_____而有好名声
（我的优势）

我把时间用在_____
（描述一下你感到最有意义的工作）

我受_____的启发。
（人、地方、组织和人际关系网）

我最引以为傲的是_____
（你希望坦诚面对工作中的哪一部分？）

我对_____产生了积极影响。
（描述你对哪些人产生了积极影响）

---

即使你不相信自己有一个"目的"，也应该想想你在这个世界上做什么工作，会给别人带来不同。你能创造什么艺术，能带来什么安慰，还是能纠正什么错误。如果你能做到，你就应该去做。

——玛吉·史密斯
（Maggie Smith）

## 向我们的专家——丹尼尔·M.凯布尔提问

如果你想找到一个对你很重要的职业，不要只关注让你感到有"激情"的方向，也要考虑一下让你回过头来的活动——尽管它们比那些让你立即从感情上被吸引过去的事情更难完成，这是事实。

培训问题：我想找到一份有意义的职业，但感到很难。我该怎么办呢？

专家回答：在职业中找到目的的首选方法，就是追随你的激情。但对我们大多数人来说，包括我本人在内，感觉"追随你的激情"这句话只不过是花言巧语而已，终究徒劳无益。更糟糕的是，如果我们没有找到梦寐以求的工作，或者每天没有过上最好的生活，我们就得开始不断鞭策自己，那么"追随你的激情"这种建议就会给我们造成伤害。基于我二十多年来对人们的工作选择和职业成功的研究，我的建议是追随你的"水疱"，而不是"追随你的幸福""做你喜欢做的事"。

追随你的"水疱"
"水疱"暗示了一些关于坚持不懈和艰难完成任务的事情，尽管它们并不总是令人高兴的。"追随你的水疱"让我不禁自问："究竟是什么样的工作让我一次又一次地回过头来，就算我没有马上取得成功，就算看起来需要花很长时间才能取得进展，或者就算我总是感到气馁？"因此，如果你想找到一个对你很重要的职业，不要只关注让你感到有"激情"的方向，也要考虑一下让你回过头来的活动——尽管它们比那些让你立即从感情上被吸引过去的事情更难完成，这是事实。

### 你永远不需要把什么放在待办事项清单上

积极心理学之父马丁·塞利格曼这样问道："有哪些活动是你小时候就做过，到现在还喜欢做的呢？"有哪些活动你永远不需要放在待办事项清单上？你可能注意到，别人害怕或回避演讲，而你为了找到支持自己观点的证据而熬夜做研究，还在镜子前练习演讲。另外，还要注意哪些任务是你需要催促和提醒自己才能完成的。那些看起来总能完成的事情，往往能揭示出什么能满足你的职业需求。

### 发展你的"残缺之美"

最后，追随你的"水疱"意味着你会多次回过头来，以至于你最终开始"结痂"。这个过程"标志着你"逐步形成一种特殊的能力。当你比其他人更痴迷地从事一项活动时，你就会形成独特的性格——历经磨损和愈合后，你会变得特立独行。你会发现自己的"残缺之美"——由你赢得的个性化纹理所产生的一种美。

## 做自己的教练

你可以使用COACH工具，将自己对于本章内容的见解和思考整合在一起，从而用它们来解决某项你此刻正面临的职业生涯的困难。花时间用COACH整理自己的想法，能帮助你进一步明确自己的行动，增加你的自信，并找出你需要的支持。

COACH

清晰 —— 你的自我培训挑战是什么？

选项 —— 你可以尝试哪些选项？

行动 —— 你准备采取什么行动？

信心 —— 你对上述行动有多少信心？

帮助 —— 你需要什么帮助来应对这一挑战？

# 总 结

## 目的：你如何培养方向感并做有意义的工作

我坚信，我们所有人都必须找到工作的意义。当你认为你不仅仅是在工作，而是在改进他人的生活时，你才能最好地完成工作。

——萨蒂亚·纳德拉

### 为什么要进行自我培训？

在工作中找到目的，会增加你对生活的长期满足感，并提升你在工作中的效率和投入度。

在蜿蜒曲折的职业生涯中，工作目的的存在能够带给你方向感以及愿意不断为之努力进步的意义。

### 自我培训概念

**进行中的工作目的声明**：让你描述职业生涯前进方向的一种激励人心且令人难忘的方式。

**意义表**：衡量你今天工作意义的一种"一目了然"的方法。

## 培训工具

### 目的的思维导图

### 最大限度地增加有意义的时刻

### 找到与组织契合的目的

### 自我培训问题

1.我觉得工作中最有意义的地方是什么？
2.我在工作中经常利用我的优势了吗？
3.我如何描述我所关心的事情和对组织来说重要的事情之间的契合度？
4.我能发现哪些增加我对他人积极影响的机会？
5.我已经90岁了，我希望改变世界的哪些方面？

我相信每个人出现在我们生命里都是有原因的。是相互学习让我们有缘结识。

——吉莉安·安德森

（Gillian Anderson）

# 来自各领域人士的建议

在本部分中，来自各行各业的许多专家慷慨地同意分享他们的职业建议，让每个人都能从中受益。你的学习对象的职业是多种多样的，但在本章中分享职业建议的人都有一个共同点，那就是他们都在做鼓舞人心的工作，正在产生积极的影响。把这些职业建议收集起来，既给我们带来乐趣，也是我们的荣幸。我们希望你能像我们一样，发现这些建议既发人深省又鼓舞人心。

**擅长做某件事并不代表你必须做这件事。**

当我经营科技公司时，有人向我提出了这样的建议。我真的到了该好好思考的时候了，我真的不知道自己还能坚持多久。每个人都在说："但是你很擅长做这个"，但"擅长做某件事并不代表你必须做这件事"这句话让我有点释然了……如果你擅长一件事，那么你也可能擅长其他事；如果你擅长某件事，但你不喜欢它，那么就另起炉灶吧。

——玛格丽特·赫弗南
企业家、作家和主讲人

**永远沿着上游钓鱼。**

我的祖父过去总对人们说这样一句话："永远沿着上游钓鱼。"他说这句话的意思是，从不同的和不寻常的角度思考问题。虽然这不是什么职业建议，但我把它记在心里了。他是一个企业家，而我很幸运，也成了一个企业家。对我来说，沿着上游钓鱼意味着你不必总是随波逐流。不过就算你随波逐流，也没什么可担心的。你发出的与众不同、引发思考和充满挑战的声音，才是真正的力量所在。这么做虽然很难，但它也能真正让你感觉到你正在取得一些成就。

——玛莎·莱恩·福克斯（Martha Lane Fox）

大英帝国司令勋章获得者、英国女企业家和慈善家

**合作才会加快工作进度。**

我常说合作才会加快工作进度，我们用不着独自工作，独自工作会让你觉得非常孤立无援。如果你有恰当的人际关系网，你的生活就会得到改变。还有"ABC"——永远保持好奇心（Always Be Curious）。

——凯亚·金（Kanya King）

大英帝国司令勋章获得者

做你，做你自己，但要做最好的自己。

——李维·鲁茨（Levi Roots）

英籍牙买加雷鬼音乐家、名厨和作家

**别闲着。**

这句话听起来可能像陈词滥调，但我是认真的。弄清楚你的企业需要什么，然后找到解决方案。洛杉矶的一位顶级经纪人曾经对我说，虽

然她不是业内最聪明的，也不是最迷人的，但她能在客户与她联系的几分钟内，总是亲自向他们回复，因为她知道这才是他们最看重的服务。通过专注于成为最有用的人，她达到了让大多数人羡慕的地步。并非所有的工作、业务和客户需求都像这样直接，但就我而言，成为解决问题的最佳人选才是职业进步的关键。

——佐伊·柯林斯（Zoe Collins）
杰米·奥利弗集团（Jamie Oliver Group）首席内容官

### 训练自己信任自己。

这是一项技能，你必须训练自己信任自己。在房间里，你很容易默认别人的意见，或者听从别人的领导。这是我仍在努力改进和自我提醒的事情，因为在电视直播中，总有一个制片人对着你耳朵说话或在那里发言，你很容易言听计从，而忽略了自己的真实感受。不是所有的事情都必须立马完成，所以即使花几秒让自己感受一下，弄清楚你的直觉是什么，也是值得的。

——伊恩·赖特
大英帝国员佐勋章获得者、前职业足球运动员

### 问问自己：我想对别人产生什么影响？

与其思考你想从事哪种职业，倒不如想想你自己想产生的影响。你想对别人产生什么影响？

——希瑟·麦格雷戈（Heather Mcgregor）
大英帝国司令勋章获得者、爱丁堡商学院执行院长

**留一些时间给自己。**

我患焦虑症已经很久了，对我来说，那是一段探索之旅。我绞尽脑汁想要了解自己，理解是什么让我产生某种行为方式。我现在明白，信任的文化、人际关系网和留一些时间给自己，对我来说才是最关键的，这已经成为自我管理过程中极为重要的一部分。

——本·莱文森（Ben Levinson）

英国肯辛顿小学校长

**我现在该在这里吗？**

我做每项工作时，都会问问自己："我现在该在这里吗？"我发现这是个令人欣慰和发人深省的观点，因为现在各种行业，特别是媒体和时尚行业的工作节奏都很快，而且非常注重进步。但是，问自己现在是否真的该在这里，对你自己和周围的人来说，都是很重要的。你是如何升到这个位置的？这是你该待的位置吗？这样做的本质是，每次你在工作中承担新的挑战和任务时，都要进行自我评估。工作的时候，你必须对自己绝对诚实。因为当工作是你的激情所在时，你必须付出百分之百的热爱。你要知道，你在那一刻所做的事情对你来说是非常正确的。

——杰米·温达斯特（Jamie Windust）

作家、主持人

**像享受成功一样来承认失败。**

你从做错的事情中学到的东西，比从做对的事情中学到的东西会更多。

当你承认自己的失败时，你就是在承担责任。

——萨布丽娜·科恩–哈顿（Sabrina Cohen–Hatton）
英国西萨塞克斯郡消防及救援署消防总长


**对自己相信的事情要坚持。**

全身心地投入到你所做的每一件事中，你就不会出大错。坚持到底。
对自己相信的事情要坚持。让自己置身于真实、怪异和精彩的角色中，
这些角色拥有与你自己相得益彰的超能力。让你喜欢的事情为你带来
回报。对每个人微笑。不要为职业生涯道路感到焦虑。穿着缀着亮片
的衣服去开会。听我说：我今年 37 岁，是位粉红色头发的初创公司
创始人、博主、喜剧演员、作家，患有帕金森病，颈部肌肉强直，双
手一直在颤抖，但从未像现在这样快乐和充实。

——艾玛·劳顿（Emma Lawton）
帕金森病教育家、单口喜剧演员、作家


**完美的工作是很难找到的，弄清楚现在对你而言最重要的是什么。**

当我追随我的内心并听从我的直觉时，我的生活到目前为止是非常成
功的。从实用观点来看，如果很难找到完美的工作，可以试着将你寻
找的工作按职能、行业和地点进行细分。如果刚开始的时候你能勾选
其中一两个框，这将使你走向正确的方向。可能经过几次事业上的飞
跃后，你才能在这三个框上都打钩。

——劳拉·鲁道尔夫（Laura Rudoe）
英国有机护肤品牌Evolve Beauty创始人

**害怕会让你变得更加敏锐。**

尽早抓住机会——如果有人为你提供机会，让你从事你以前从未考虑过但你认为很有趣的工作，那么就去做吧。对我来说，这样的事发生在 1996 年奥运会上，由我来报道山地自行车比赛实况。我本来在那里报道马术比赛（我知道也了解），但山地自行车比赛经过赛马公园，所以……。从那时起，我报道过保龄球比赛、橄榄球联赛、冬季运动会——这些各种各样的事情让我走出了舒适区，让我学到了作为一名播音员该掌握的东西。我喜欢有点害怕的感觉，我认为这让我变得更加敏锐。躺平很容易，但有时会让你变得懒惰。我宁愿抓住机会，让自己尝试不同的领域，尝试创作一些有价值和有趣的东西。

——克莱尔·鲍尔丁（Clare Balding）

播音员、记者和作家

**以好奇心为主导会带来一种勇气。**

在我生命中的关键时刻，我非常尊敬的人——一位鼓舞人心的老师，一位大学导师，以及我在外交部工作时认识的一位年长、睿智的大使——都告诉我，不要为职业规划的"对"或"错"担心，不要考虑自己"应该"做什么，而是要倾听和调谐自己"内心的声音"，让好奇心牵引着自己走。以好奇心为主导会带来一种勇气，允许你去尝试一些事情，就算你不确定能否成功。这种方法的确将我带进了一些奇妙的旅程。

——凯斯·毕晓普（Cath Bishop）

英国前赛艇运动员、奥运会银牌获得者

**设法解决最难的问题。**

你生活中的每一个行动，都使你成为具有绝对独特的技能、观点和经验的人。因此，找到一个职业，或编造一个职业，设法解决你认为自己最有资格解决的最难的问题。

——祖贝尔·君朱尼亚（Zubair Junjunia）
教育平台ZNotes创始人

不要让别人来定义你。

——彼得·杜菲（Peter Duffy）
Money Super Market集团首席执行官

**生命短暂，不容妥协。**

不要听信那些说你做不了这个做不了那个的人的建议——总会有办法的！在合适的时候，做合适的事情。

——阿纳斯塔西娅·阿尔科克（Anastasia Alcock）
医学顾问

**找到自己的"个人顾问"。**

我们每个人都需要找到自己的"个人顾问"（不是说你一定要这样称呼他们，或以这种方式"招募"他们）。我的"个人顾问"是由我精挑细选出来的，由一些我认为无论是在专业上还是在个人魅力上都很有灵感的人组成。有些人年纪较大，是我的同龄人，有些人则年轻得多；有些人有类似的背景，有些人则非常不同；有些人擅长安排协调，给出"怎样做"的建议，有些人则擅长提供精神支持（他们自己经历过，也为别人提供过精神支持）。但是，我想说的是，我和所有人都有类似的价值观。我经常发现，从长远来看，我可以为他们提供很多帮助，就像他们为我提供帮助一样。这些关系需要长期的培养和投资。我会看看他们在做什么，我是否能以某种方式支持他们等。他们也会这样做。对我而言，帮助他们实际上是我职业发展的一个巨大帮助——它让我意识到我实际上学到了多少东西，从而让我能够更快地爬上自己的阶梯。我生命中一些重要的职业机会就是由他们中的一些人促成的。

——杰茜卡·布彻（Jessica Butcher）

大英帝国员佐勋章获得者、企业家

**做正确的事比完全正确地做事要好。**

我很早就决定要度过有意义的一生。因此，我总是千方百计地做正确的事情，而不仅仅是用我的完美主义方式正确地做事。二十多岁时，我开始与当时的性别歧视做斗争，并在英国成立了一家高科技公司。我的第一个——也是唯一的——孩子吉尔斯（Giles）患有严重的自闭症，这也促使我的余生变身为风险慈善家。

——斯蒂芬妮·雪莉（Stephanie Shirley）

女爵士、企业家、慈善家

**选好自己的另一半。**

要谨慎地选择与你共度一生的人。选错了另一半，你的生活可能会偏离正确的轨道，限制你的发展，在我身边这样的例子比比皆是。如果你有一个支持和信任你的人，当你自己都不相信自己的时候，他们会成为你最大的支持者。

——马里亚姆·帕夏（Maryam Pasha）

策展人、经理人

**吸纳知识。**

你需要把变化当作常态来接受。这样做，你就会知道可能会发生什么，为什么会发生，以及当它发生时你该如何应对。

——威尔·金（Will King）

企业家、"剃须之王"（King of Shaves）创始人

**自我驱动。**

你要决定好想从自己的职业生涯中得到什么。我们在工作中花了很多时间，所以要想想对你来说什么才是十分重要的，是什么在驱动着你。可能是得到更高职位，可能是加入一个优秀的团队中——但团队是在什么方面优秀呢？互相支持、创新、胜利……也许你的驱动力是为每一位客户提供优质服务。弄清楚你想要什么，特别是什么在驱动着你，将帮助你做出正确的选择，并决定你在哪些方面会妥协，在哪些方面不会妥协。

——保拉·富兰克林（Paula Franklin）

博士、保柏集团（Bupa Group）首席医疗官

**将恐惧与不确定性分开。**

将不确定性与恐惧——对未知的恐惧——分开是很难的。我心里一直

有个想法（无疑是受到前 25 年我作为专业舞蹈演员和舞蹈编导的启发），那就是艺术家擅长处理不确定性，他们适应能力强、灵活、顽强和坚韧，擅长用新的方式看待事物，在其他人可能忽视的想法、事物和人物之间建立联系。在不确定的时代，我们需要这种思维模式。我们都应该变得更善于对事物进行质疑，而不是一味地要求立即确定。

——肯尼斯·撒普（Kenneth Tharp）

大英帝国司令勋章获得者、英国舞蹈艺术家

**变色龙并不是一个好的职业形象。**

在我职业生涯的早期，由于受到别人的歧视，我把自己扭曲成各种形状，使我能够适应"允许"我存在的空间。我像变色龙一样通过改变颜色来适应环境。这样做的后果是，我失去了自己的身份。作为社会公益事业的领导者，我现在认识到建立自信的必要性，这需要透明和负责任，需要敞开心扉，需要承担风险，需要大声说话，需要说出自己的失败，需要有意识让自己的行为与价值观保持一致。我坚信，为了成为一个平衡、健康的社会的一部分，我们需要创造恢复原状的机会，而这要从了解自己，学会实践自我照顾和自我安慰开始。

——波碧·杰曼（Poppy Jaman）

大英帝国官佐勋章获得者、城市心理健康联盟首席执行官

**你应富于幻想，但要脚踏实地。**

换句话说，试着经常大胆做梦，树立远大目标，但同时采取具体的、小的步骤向前迈进。把这些事情结合起来做，奇迹就会发生。你无法

控制生活和职业生涯中的绝大多数事情，但你总有想象的自由，有能力开始做事。这些都是强大的力量。用好它们吧。

——本·基恩（Ben Keane）

叛逆图书俱乐部联合创始人

**你的道路是易变的。**

在整个旅程中，做什么和怎样做将是逐渐演变的。所以大胆点，相信你的直觉，对你的决定要有信心。如果结局没有如你所愿，那么你可以从中学习，因为你比以前知道得更多，要逐步适应并向前迈进。

——坦西·哈克（Tansy Haak）

"儿童手饰"公司

**没做过并不意味着你不能做。**

万事开头难。所以，要对新的学习机会说"是"，五年经验并不是一年的经验，然后重复五次。还有，当情况变得艰难时，记住你不能一边哭一边吹口哨。那么，就噘起嘴巴来吹吧。

——史蒂夫·斯普林（Stevie Spring）

大英帝国司令勋章获得者、英国文化委员会主席

**快乐稍纵即逝，但真诚永存。**

找到你擅长的事情、你有强烈感觉的事情和给你带来快乐的事情之间的黄金交叉点。我发现，快乐有点稍纵即逝或变化无常，特别是在最初的时候，但如果你坚持不懈的话，就会在努力工作和真诚方面得到

满足。

——索菲·斯莱特（Sophie Slater）

"伦敦鸟鸣"（Birdsong London）联合创始人

**每天多花一小时，结局就会大不同。**

我们拥有的时间是相同的，要明智地使用你的时间。如果你在一周内每天多花一小时用于工作，那就相当于每周多出一个工作日，足以让你遥遥领先。

——汤姆·查普曼（Tom Chapman）

"狮子理发师联盟"公司创始人

**去创造一些项目。**

2020 年及以后的职业生涯不是一份接一份的工作，而是一系列的项目，中间夹杂着痛苦的失业经历。如果你能在余生和一位领导做一系列项目，那很好。如果没有领导你也能做项目，那也不错。但你得创造项目。你工作生涯的轨迹是由你的项目的规模、影响和质量来决定的，所以去创造一些项目吧。

——赛斯·高汀（Seth Godin）

作家、企业家

**不要只满足于当一名运动员——你离退休还早着呢。**

我认为最好的建议分为两部分，但组合起来会更好。我父亲给我的建议是"不要只满足于当一名运动员"，他的真正意思是希望我做些其他事情，而不仅仅局限于参与体育运动。他热切地希望我除了谈论刚刚上了什么训练课，接下来要做什么，还能有更多的话题。这让我意识到，我需要一直思考如何在生活中找到平衡。第二个向我提出建议的是大卫·默克罗夫特（David Moorcroft），他在我第三次参加残奥会后对我说，"你离退休还早着呢。"与轮椅比赛有关的职业分很多种，比如英国代表队成员，但也包括我们在队外进行的所有公路比赛。我觉得这对让我思考职业终点可能在哪里，以及我接下来想做什么很有帮助，尽管我从 21 岁起就在考虑这个问题。

——格雷–汤普森男爵夫人（Baroness Grey–Thompson）

大英帝国爵级司令勋章获得者、残奥会前运动员、电视主持人

**不要理会你头脑中"不够"的声音，它是最让你沮丧的东西。**

把你脑海中那个质疑你是否足够优秀、足够聪明、足够雄辩、足够华丽或足够有才华的嘈杂声音调低。这个声音是最让你沮丧的东西。完全无视它，继续努力吧！

——鲁思·伊贝格布纳（Ruth Ibegbuna）

"回收根源计划"公司创始人

**不要设定目标，要固化习惯。**

你唯一需要担心的真实阴谋是，每个人都是在即兴发挥，却假装着他们没有这么做。所以，轻松一点，用简单的语言交谈，待人友好，笑容满面，努力让每个人都感觉良好。当人们开始放松时，局面就会打开。如果人们喜欢你，你就会活得轻松点；但如果他们不尊重你，日子就会过得更难。有时，我们是与各种状况做斗争，而不是为我们信仰的

事业做斗争。当你后退一步时，如果你仍然相信自己的观点，那么就去做吧。大多数人随波逐流，没有彻底地把事情想清楚，这可能就是你的机会。只要你不是为了战斗而战斗就行。

——西蒙·皮特基特利（Simon Pitkeathley）

"卡姆登镇无限"公司首席执行官

### 别做大梦。

别做大梦。无论如何，不要总是这样。在职业阶梯上起步时，有雄心壮志是很棒的，但它也会让你变成井底之蛙。花点时间，在你职业生涯的每个阶段进行反思，才是更为重要的事情。如果你只是不断地攀登，结局会很悲惨。可能成功了，也许富有了，但仍然是悲惨的。

——马特·拉德（Matt Rudd）

《星期日泰晤士报》（*Sundays Times*）撰稿人、作家

### 我们是伙伴。

找到房间里最好的人，而不是琢磨如何诋毁他们或超越他们——研究如何和他们合作。大家借由我们所交往的人就能了解我们，我们作为合作者总比作为竞争对手更好。

——索菲·威廉姆斯（Sophie Williams）

反种族主义倡导者、活动家和作家

**找到一个可以做你自己的地方，一个让你有归属感的地方。**

做一些能给你带来快乐的事情。无论那是你热衷的事情，还是让你感到家庭般温暖的环境或公司。我们不能把工作和生活截然分离，找到一个你可以做你自己的地方，一个让你有归属感的地方。

——凯蒂·范尼克–史密斯（Katie Vanneck-Smith）

英国慢新闻媒体"龟媒"联合创始人兼出版人

**你最需要打动的人是你自己。**

相信你的直觉，不要害怕做大梦。一路前行时，你会遇到许多质疑者，但你最需要打动的人是你自己。努力工作，享受乐趣，但最终要保持真我。

——巴比塔·夏尔马（Babita Sharma）

英国广播公司（BBC）电视新闻播音员

**别等到你老了、有钱了或聪明了，才发现你的激情所在。**

生命是美好的。生命是有价值的。生命中充满了机会。但生命也是短暂的。所以，别等到你老了、有钱了或聪明了，才发现你的激情所在。找出你喜欢的东西，开始行动，并确保无论你做的是什么，都能对我们的星球产生积极影响，让世界变得更美好。

——保罗·乔英森–希克斯（Paul Joynson-Hicks）

大英帝国员佐勋章获得者、摄影师

**晚餐再吃豆子配吐司也是可以的。**

我在女性身上看到特别突出的一个问题是，创业的时候，还想把工作和生活保持原样。经营一项业务，尤其是刚开始创业时，需要付出艰辛的劳动，做出一些牺牲。你不能还做以前做的事，只是额外经营一项业务。当然，如果我们在尽力应付其他事情的同时，总是把它作为一个副业来做，那么经营生意的女性就会越来越少。晚餐再吃豆子配吐司也是可以的，我的社交生活退居次要位置，与我的丈夫针对如何更好地分配家务进行了认真的谈话，然后我需要与自己进行认真的对话，告诉自己热爱工作是无可厚非的，我们精力不足，没必要浪费在内疚上。大多数创业的男人都不需要与这些事情做斗争。

——斯蒂芬·道格拉斯（Steph Douglas）
"别给她买花"（Don't Buy Her flovers）首席执行官、创始人

**敢于梦想。**

在我的英国文学课上，唯一对我产生持久影响的是爱尔兰著名诗人威廉·巴特勒·叶芝（William Butler Yeats）的一首诗的节选。就把我的梦铺展在你的脚下，轻一点啊，因为你脚踩着我的梦。所以很多商界人士会说一句话，"不要好高骛远"。我的回应是，"给它一个机会"，因为如果不尝试的话，怎么知道行不行呢？《星球大战》（*Star Wars*）中的尤达（Yoda）完美地总结了这一点，他在训练卢克·天行者（Luke Skywalker）时这样说道："只有做与不做，没有试一下。"

——乔纳森·奥斯汀（Jonathan Austin）
"最佳有限公司"（Best Companies Ltd.）创始人兼首席执行官

**向你不喜欢的人学习。**

我从那些我不想成为的人身上和我不想亲历的工作文化中学到的东西，与我从想成为的人身上和想亲历的工作文化中学到的东西是一样多的。所有的经历都应该有助于你塑造你想成为的人和你想成就的事业。忠于自己，忠于自己的价值观，无论这一天发生了什么，你都应该真实地、有目的地过好这一天。

——卡罗琳·拉什（Caroline Rush）

英国时装协会（British Fashion Council）首席执行官

**永远别让对失败的恐惧阻挡你前进的步伐。**

没有人能预测未来。我们只能做到尽力而为。做你喜欢的事，因为这通常是你最擅长的！

——珍妮·科斯塔（Jenny Costa）

"砂砾中的红宝石"（Rubies in the Rubble）创始人兼首席执行官

**就算你还没有准备好，也要把机会抓住。**

我很幸运，在我成长过程中，父母都在做他们喜欢的事情。我父亲是一名音乐家，而我母亲是一名记者。父母对我唯一的建议是"做让你快乐的事就行"。我意识到对孩子来说，这个建议可能会产生两种结果，但我的上进心是很强的！我的建议和我父母的有点类似——做你喜欢的事。这样的话，你就会克服障碍（这是不可避免的），你也会做好努力工作的准备（要想成功，这也是不可避免的）。如果你不知道你对什么有热情，那么就去尝试很多不同的事情，看看你喜欢什么，不喜欢什么。就算你觉得还没有准备好，也要把机会抓住。和激励你的人一起做你热爱的工作，你就不会一生都在忙忙碌碌。

——戈尔迪·塞耶斯（Goldie Sayers）

英国前标枪运动员、奥运会铜牌获得者

**你的人际关系网就是你的净价值。**

有句话经常被引用，即你的"人际关系网就是你的净价值"，这绝对是事实，你的人际关系网可以帮助你提升和确定未来。这意味着你必须做好准备，愿意在一路前行的过程中与各种各样的人联系——无论是在线联系，还是离线联系。我们是"人际关系网的因果关系"的忠实拥护者，以互惠的方式建立人际关系网是非常重要的；一方是谦逊地寻求帮助，另一方是主动积极地提供帮助，这才是成功的组合。不要低估关系的重要性，它们是生活、经营或职业成功的重要组成部分。

——比安卡·米勒–科尔（Bianca Milier–Cole）、

拜伦·科尔（Byron Cole）

《自力更生》（*Self Made*）

和《商业生存工具包》（*The Business Survival Kit*）的作者

**知道自己的价值。**

职场中有四条黄金法则，只要可能的话，我都会尽力遵守。第一，我坚决反对五年或十年的职业规划。不要根据你过去想要的东西，来建立成功的衡量标准。始终追逐你现在享受的东西，只要一看到机会，就敞开心扉拥抱它们吧。第二，永远知道自己的价值。第三，不要因为你没有看到像你这样的人位居高层，就放弃一个行业。把这个当成动力吧。这个行业需要像你这样的人。第四，失败是件好事。失败让我们得到了教训，让我们有机会暂停、反思和重新评估什么才适合我们。不要害怕失败，拥抱它吧。

——劳拉·科里顿（Laura Coryton）

英国作家

**找出那些看起来与众不同的人。**

与生活一样，享受工作和事业成功都是与人有关的。敞开心扉，倾听并投入精力建立关系，特别是与那些看起来最与众不同的人建立关系。与拥有不同想法、经验和能力的人建立牢固的个人关系，不仅可以为你提供一个在你需要时招之即来的团队，还可以丰富你自己的知识和经验，让工作变得更加有趣充实。

——卡利·哈默顿－斯托韦（Kali Hamerton-Stove）

"玻璃屋"（The Glasshouse）项目总监

**目的和激情最重要。**

我们一生中有很多时间是在工作中度过的，所以要细想一下，什么样的文化才能让你在工作中茁壮成长，才能让你忠于自己，因为没有什么比不得不用不同的方式做事更让人疲惫不堪的了。找到你的工作目的——什么才是真正激励和推动你的力量。如果你对你所做的事情更有激情，你就有可能对工作更加投入，从而更有可能取得成功。

——柯尔斯蒂·麦基（Kirstie Mackey）

大英帝国官佐勋章获得者、英国巴克莱公民和消费者事务

（Citizenship and Consumer Affairs, Barclays UK）总经理

**为你留下美好回忆。**

职业生涯的美好之处在于它是你自己的。由你来塑造，由你来享受，由你来庆祝。把职业看成是你目的的一部分，看成你本质的反映，并保护它。因此，尽可能让它充满快乐、善良，充满活力、创意无限和意义非凡的活动（和回忆）。

——叶万德·阿基诺拉（Yewande Akinola）

大英帝国员佐勋章获得者、特许工程师和电视节目主持人

**遇到岔路口时，就让最强烈的心跳指引你前进的方向吧。**

虽然听起来可能老生常谈，但我要敦促每个人，在他们人生的每个时刻，当在职业旅程中遇到岔路口时，始终让最强烈的心跳指引前进的方向。要充满信心和满怀激情地这么做。在我们人生的不同阶段，总会有许多不同的驱动力想要主宰我们的生活；让最有力的心跳指引前进的方向，总会把你带到一个你引以为豪并能完全掌控的地方。别幻想着一步就能走到一个地方——它很少会像你希望的那样按阶梯式排列——它可能只是打开了一扇前景未知的门，向你揭示了一个未曾想象过、但的确存在的世界。一位睿智的朋友曾经对我说，如果下一步没有迈向未知和棘手的地方，那肯定就不算向前迈进了一步。勇敢一点——生活是勇敢者的游戏。没有所谓的完美契合。充分利用好每个机会和为你打开的每一扇门。你现在可能不会穿过那扇打开的门，但几年后你就可能想穿过了。以前曾有人对我说，我不可能得到我现在拥有的这份职业，我必须在做私人执业律师、在国际发展前沿领域有所建树和继续进行学术研究之间做出选择。当我离开律师界去冲突地区从事国际发展时，有人告诉我这是职业"自杀"的行为，我将永远

无法重返律师界。尽管如此，我还是追随自己的内心，义无反顾地离开了，在一个全新的职业中拥抱未知，并在此过程中学习了各种新技能。事实证明，我能重返律师界，而且我的地位更加牢固，还拥有一套宝贵的新技能。这些不可思议、非常陌生的步伐，帮助我实现了与我的国际工作共存的目标，并为我在牛津大学的学术工作提供了支撑。多亏无视那些反对者，我才拥有了一个完美无缺、蓬勃发展的职业——一个结合了令人兴奋的私人执业诉讼、国际发展、公共演讲、学术研究，甚至还为我对文学的热爱留有空间的职业。你绝对可以做任何事情，而且也可以按照你想要的方式去做。一切皆有可能。

——桑吉莎·英格（Sangeetha Iengar）

屡获殊荣的国际人权律师

## 学会接受新的经验。

让自己敞开心扉，学会接受新的经验、挑战，以及与自己有不同观点和背景的人。找到一个你关心的问题，努力工作，并与他人合作，从而实现你的目标。

——米歇尔·米切尔（Michelle Mitchell）

大英帝国官佐勋章获得者、英国癌症研究中心

（Cancer Research UK）首席执行官

## 领导力是一种思维模式和态度，而不是一个职务。

只要愿意，每个人都可以成为领导者。这是一种思维模式和态度，而不是一个职务或是需要通过的考试。如果人们在职业生涯早期就发

展领导能力，而不是在十年或二十年后才发展，那么整个职业生涯会有多大的不同和改善啊！为了加速领导力的发展，给自己找个导师吧——尽量把目标定得高一些，拜一个你想照搬他行为方式的人为师。

——雷内·卡拉约尔（René Carayol）
大英帝国员佐勋章获得者、作家和播音员

**你需要在在线和离线之间设置界限，定个闹钟吧。**

我的工作时间很灵活，但渴望在在线和离线之间设置界限。不工作的时候，我已经开始将状态设置为"不在办公室"——以减轻我们没有7天24小时"在线"时感受到的无尽愧疚。我已经开始具体说明离线的一些细节，如"洗澡时间""跑步"，使工作场所变得人性化，并拥有我的工间休息时间，这不会让人充满罪恶感。它对劳动效率的提高是至关重要的。我还发现，在工作日的开始和结束时定个闹钟，就等于为我正在做的事情设置了明确的开篇和结局。无论在线还是离线，你都需要设置界限。

——安娜·怀特豪斯（Anna Whitehouse）
"普卡妈妈"（Mother Pukka）创始人

**用接招合唱团（Take That）的话说……不久后，这便是别人的梦想。**

有人曾对我说，生活中通常有两种人，一种人享受过程，另一种人享受结果。你要么专注于终点位置，要么被驱动着充分享受沿途承担的每一个角色。我绝对是个享受过程的人，这让我能分享最好的建议。如果你能够享受承担的每一个角色，利用它为你提供的学习机会和搭建的人际关系，将大大增加你成功的可能。根据我的经验，在你的职业生涯中，就算经历过生活中不可避免的跌宕起伏，如果你在承担的每一个角色中都能收获快乐和成功，这便是确保个人和职业进步的最佳方式。无论我在一个角色上做得多好，一旦不喜欢了，就等于向我发出了做出改变的信号。我还喜欢接招合唱团在歌曲《铭记于心》（*Never Forget*）中的一句歌词——不久后，这便是别人的梦想。这让我意识到，我们在每个角色上的特权只有一段时间，我们一定要把继任者培养好，帮助他们实现自己的梦想，就像我们拥有自己的梦想一样。

——克莱尔·克拉夫（Clare Clough）

英国著名餐饮品牌（Pret a Manger）英国总经理

## 你此生所从事的最了不起的项目，就是你自己。

你此生所从事的最了不起的项目，就是你自己。所以要抽出时间，来追求那些在你身上激发出光芒的事情。这样做的话，你将活出更加精彩的人生。在此过程中你要耐心点，因为你往往需要几年的时间才能到达那一年。届时，你的生活将得到彻底改观，会变得更加美好。要充分发挥自己的聪明才智，去挖掘从每一次挫折中得到的教训。我向你保证，它们就在那里，等着你去解读，它们能够帮助你变得更加强大。

——西蒙·亚历山大·昂（Simon Alexander Ong）

生活教练和商业战略家

## 不要斤斤计较。

做生意的人不会故意去伤害别人。大多数人都是为了生存，想以最好的状态渡过难关。如果有人给你发了一封唐突无礼的电子邮件，如果有人言行有点粗鲁，如果有人把你的工作成果据为己有，不要为此感到心烦意乱，你只是在浪费自己的精力而已。你只需返回去，开始对话。要开放。要诚恳。不要斤斤计较。你要专注于正在做的事情，把它做到极致。

——玛丽·波塔斯

零售顾问、播音员

**你不需要知道所有的答案，你也不必假装知道。**

我所学到的最好的一课是，你不必知道所有的答案，你也不必假装知道。没有一个人强大到能够独自解决所有复杂的问题。如果你向别人求助的话，就等于给别人提供了为你服务的机会，这是你能给他们的最大礼物。

——西蒙·斯涅克作家

**雄心和不适是相伴而行的。**

如果你一个月没有经历过几次不适，那就说明你没有给自己施加过压力。当我们面对以前没有做过的事情时，当我们身处以前没有遇到的环境时，当我们面对不熟悉的情况时，我们会感到不适，此时我们才能从中学习。所有这些事情都会让你感到不适，所有这些事情都能让你从中学习和成长。因此，如果你有雄心壮志，遇到不适是很正常的，如果你没有感到不适，那么你给自己施加的压力还不够多。

——谢莉·阿尔尚博（Shellye Archambeau）

财富500强董事会成员、作家

### 不去追求，谈何得到？

不去追求，谈何得到？——这是对我在广告业整个职业生涯的高度概括，我认为这是对这个行业的真实写照。它不仅需要你伸出手，与人联系，也要有足够的勇气去放手一搏。

——尼兰·维诺德（Niran Vinod）

（Deft）联合创始人和创意总监

### 永远记住，每个人曾经都是初学者。

在某一时刻，每个人做的事情，对他们来说都是第一次。所以，永远不要害怕提问题或向别人求助。这可能会让你感到不舒服，但有时这不仅是做好本职工作的需要，也是个人和职业成长的需要。

——弗朗西斯卡·詹姆斯（Francesca James）

"英国企业家大奖"（Great British Entrepreneur Awards）联合创始人

### 经验是找到你喜欢做的事的方式。

我最大的建议是工作经验。获得实践经验很关键，你得弄清楚你喜欢什么，不喜欢什么。此外，你所建立的人脉和联系圈，可能会在你未来的职业生涯中起到关键作用。

——莎拉·斯德克（Sarah Stirk）

天空体育（Sky Sports）电视节目主持人

### 你盖好了，他们就会来。对自己有坚定的信念，别人就会给你一次机会。

我的职业建议是从电影《梦幻之地》（*Field of Dreams*）中借鉴过来

的——你盖好了，他们就会来。作为一名自由撰稿人，我得到了很多激动人心的机会——但当我达到某种境界时，我意识到自己失去了职业方向感，我只是对一切事情都说好，并没有走在正确的道路上。我甚至都不知道，怎样才能走到正确的道路上。所以我意识到，我必须从头开始设想和建立我想要的工作。我开始制作我的文学访谈播客"你被预订了"（You're Booked）。我写了几本书——《如何成为一个成年人》（*How to be a Grown Up*）、《姐妹情》（*The Sisterhood*）和我的第一部小说《贪得无厌》（*Insatiable*）。创作《贪得无厌》这部小说时，我真的不得不和自己搏斗，因为每当我坐下来进行创作时，都会有一个小声音在那里说道："你是在浪费时间，你可能不擅长这个，如果没有人愿意出版怎么办？"我对自己的作品没有信心。但当我想起以前经历相同处境的那些时刻，我的自信又回来了。我创作了它，并成功出版了。如果应该建造建筑物的地方，却连地基都没有，那就不会有人来了！我们要对我们自己和我们的作品表现出坚定的信念，然后别人才会给我们一次机会。

——黛西·布坎南（Daisy Buchanan）

撰稿人、播主

**喊出梦想，努力达成。**

在我感觉不知道该怎么办的时候，这句话在我的职业生涯中帮助过我。我心中所思和脑中所想不一致，我不知道该怎么决定。恰巧在此时，我无意中看见了这句话。它让我厘清了思路，充满了自信，让我说出了我的希望和想法。如果我在一路前行中没有看见这句名言，我想我不会取得今天的成就。

——海伦·塔珀

每天反复做的事情造就了我们，然后你会发现，优秀不是一种行为，而是一种习惯。

在我早期的职业生涯中，我把太多时间花在担心自己不够聪明，并把自己与其他"更加聪明"的人进行比较上。我决定不再为"聪明不聪明"而自寻烦恼了，而是开始关注我工作有多么努力，以及我付出了多少精力和时间。这改变了我对职业生涯的掌控感，我确信我因此取得了更大的成就，也变得更加勇敢了。

——莎拉·埃利斯

# 结束是新的开始

《做自己的教练》这本书在结尾没有设置"结语"一章，是有原因的：我们的职业生涯是一个永远需要不断完善的过程，我们永远不会达到"完成"学习的那一刻。你可以针对本书中的每个主题，不断地实践，从而持续地得

学会了解自己。
——纳尔逊·曼德拉（Nelson Mandela）

到提高。我们不希望任何人在阅读了"自信""关系"或"韧性"中的一章后，就觉得"我现在已经掌握了所有的知识"。我们所希望的是，你掌握了很多工具、技巧和想法，开始把它们运用到自己身上，并根据实际情况不断地进行改进。我们在工作中感到最欣慰的一刻是，有读者或听众与我们联系，告诉我们他们采用了我们分享的一个想法，经过改进后，对他们产生了更好的效果。我们完全允许你使用本书中的所有内容进行扮演和尝试，并创建你自己的工具箱，从而为你曲折的职业道路提供支持。

## 把精力和努力放在你能掌控的事情上，那就是你自己

对于你的职业生涯，有很多事情是你无法预测或控制的。有些大事我们是不知道的，比如未来会存在哪些职业，或者我们在五年后会学习什么技能。还有一些小事我们也是不知道的，比如我们的经理今天会带着什么样的心情来上班，或者我们的优先事项每周会发生怎样的变化。工作占用了我们大量的时间和精力，我们不想把它浪费在试图控制不可控的事情上，因为如果那样做的话，既会让你疲惫不堪，又会让你徒劳无益。因此，让我们把精力放在我们能掌控的事情上，那就是我们自己。

让我们把努力放在……

- 从生活中大大小小的困难时刻中恢复过来和吸取教训上。
- 让我们的工作时间得到妥善利用上。
- 建立我们的信念，使我们能够发掘我们的潜力，并在挫折中得以生存上。
- 对支持我们职业生涯的社区进行投资上。
- 创造激动人心的机会，使我们的职业生涯取得进步上。
- 使一个激励人心和有意义的目的取得进展上。

## 分享你的知识，让每个人都能取得成功

在曲折的职业生涯中，每个人都有成功的机会。分享你的知识，不仅会帮助别人取得成功，也会让你学到更多的知识。成功没有"秘诀"；我们都有从经验中得到的想法和知识，可以互相给予。我们越是慷慨地分享知识，我们就能做得越好。就像莎拉的小儿子马克斯（Max）经常提醒他的那样（主要是他想要一些巧克力的时候），分享就是关爱。

# 致谢

在我们创作的第一本书《曲折的职业道路》（*The Squiggly Career*）获得成功之后，《做自己的教练》可能面临着"第二张专辑困难"综合征的困境。让我们始料未及的是，我们几乎有一年多时间没有见到对方，还得想方设法在新冠肺炎疫情期间和之后

让合适的人上车，让他们坐在合适的位置。
——吉姆·柯林斯

调整我们的业务。这无疑使我们对创作第二本书有了更加清醒的认识。有时，我们很想暂停这本书的创作。在打了无数个在线电话后，这种感觉愈发强烈了。我们能坚持创作，是因为我们看到了新冠肺炎疫情对每个人职业生涯产生的影响。它加速了早已开始的趋势，使人们对获得职业生涯支持的需求变得迫切而重要。所以，我们就撸起袖子，咬紧牙关，继续前行……

这本书的创作和出版过程，是作家和领导力专家吉姆·柯林斯所说的"让合适的人上车"的一个经典范例。你阅读这本书的原因，是让合适的人上了车，而我们的车上总是精彩纷呈.

我们的家人和朋友让我们有了写作空间，他们倾听我们内心挣扎的声音，并在我们面临创作截止日期时，非常务实地帮助我们照顾孩子。

当我们因"无法按时间节点完成创作"的担忧而摇摆不定时，我们的编辑，企鹅公司的西莉亚（Celia）和莉迪亚（Lydia），给了我们更多的时间。她们仔细阅读每一个单词，完成每一个练习，以确保我们的写作内容能够为读者提供力所能及的帮助。

当我们发行第一本书时，我们的团队经理莎拉加入了，帮了我们几个星期。谢天谢地，她自此就没有离开我们。是莎拉让我们的创作继续前进并取得进展，如果没有她，毫无疑问，我们将不得不在恐慌中停车。

大家一起乘坐这辆车，我们对此感激不尽。把友谊变成成功的商业伙伴关系是很难得的，让我们感到非常高兴的是，我们的友谊是个例外。

我们想从开始的地方结束这本书，对所有买了"票"和我们一起乘车的读者和听众说声"谢谢"。我们真的非常感谢你们对我们工作的信任和支持。

我们希望《做自己的教练》能激发出一种对待职业生涯的新方式，进而创建一个由志同道合的学习者组成的社区，使他们能够相互联系和支持。我们不知道我们的车会在哪一站停下来，但我们一定知道，前面的指示牌上将永远写着"让每个人的职业生涯变得更美好"。

谢谢。

海伦、莎拉

# 我的笔记

## COACH

清晰 —— 你的自我培训挑战是什么？

选项 —— 你可以尝试哪些选项？

行动 —— 你准备采取什么行动?

信心 —— 你对上述行动有多少信心?

帮助 —— 你需要什么帮助来应对这一挑战?

# COACH

清晰 —— 你的自我培训挑战是什么？

选项 —— 你可以尝试哪些选项？

行动 —— 你准备采取什么行动？

信心 —— 你对上述行动有多少信心？

帮助 —— 你需要什么帮助来应对这一挑战？